我的青春我的梦
全国中学生校园美文精品集萃丛书

楚天阔，浪漫斜阳，千里蓉蓉

就算失望，不要绝望

《中学生博览》杂志社 选编

时代文艺出版社

图书在版编目（CIP）数据

就算失望，不要绝望 /《中学生博览》杂志社选编. —长春：时代文艺出版社，
2018.8（2023.6重印）
（"我的青春我的梦"全国中学生校园美文精品集萃丛书）

ISBN 978-7-5387-5730-9

Ⅰ.①就… Ⅱ.①中… Ⅲ.①作文－中学－选集 Ⅳ.①H194.5

中国版本图书馆CIP数据核字（2018）第004069号

出 品 人　陈　琛
产品总监　郭力家
责任编辑　李荣崟
装帧设计　李　斌
排版制作　隋淑凤

本书著作权、版式和装帧设计受国际版权公约和中华人民共和国著作权法保护
本书所有文字、图片和示意图等专有使用权为时代文艺出版社所有
未事先获得时代文艺出版社许可
本书的任何部分不得以图表、电子、影印、缩拍、录音和其他任何手段
进行复制和转载，违者必究

就算失望，不要绝望

《中学生博览》杂志社　选编

出版发行 / 时代文艺出版社
地址 / 长春市福祉大路5788号　龙腾国际大厦A座15层　邮编 / 130118
总编办 / 0431-81629751　发行部 / 0431-81629758
官方微博 / weibo.com / tlapress
印刷 / 北京一鑫印务有限责任公司
开本 / 700mm×980mm　1 / 16　字数 / 153千字　印张 / 11
版次 / 2018年8月第1版　印次 / 2023年6月第5次印刷　定价 / 34.80元

图书如有印装错误　请寄回印厂调换

编 委 会

编委会主任：刘翠玲　夏野虹　高　亮
编　　　委：宁　波　孟广丽　张春艳
　　　　　　李鹏修　苗嘉琳　姜　晶
　　　　　　王　鑫　李冬娟　王守辉

目 录

不妨把日子过成诗

不妨把日子过成诗 ……… 左　夏 / 002

天青色等烟雨 ……… 鹿　眠 / 004

星星是路上夜晚的眼睛 ……… 倾城流年 / 010

跑步的时候，想起村上君 ……… 愈　之 / 014

亦用初心伴始终 ……… 沐　子 / 016

青春是一场涂鸦 ……… 酴可一 / 020

那年我高三

那段时光那个人 ……… 钟龙熙 / 030

那时我们有梦 ……… 舸　轩 / 036

那年我高三 ……… 马佳威 / 041

相思局里忆青春 ……… 纳　言 / 047

你已不再是小孩子 ……… 翁翁不倒 / 055

高考之外 ……… 彤　彤 / 057

就算失望，不要绝望

就算失望，不要绝望 ……… 养　分 / 060

减不下的肥，妹子就别再折腾 ……… 小眼鱼子 / 063

最彻底的放下，莫过于此刻我们是朋友 ……… 苏　铁 / 066

得到的都是侥幸 ……… 蒋一初 / 070

听什么别道听途说 ……… 文　丹 / 073

长天阔水，无期后会 ……… 九　人 / 076

把最美好的年华安静地写在纸上 ……… 晛　沐 / 081

多幸运在最美的年纪

谁偷走了我的匆匆那年 ……… 煊　泷 / 092

一页鹿城 ……… 骆　阳 / 096

春风十里不如你 ……… 鹿　眠 / 104

如果我不一样 ……… 二　笨 / 112

藏在岁月深处的时光 ……… 随　风 / 115

时光与你都是最好的故事 ……… 左　夏 / 121

多幸运在最美的年纪 ……… 朱瑞琴 / 124

我的英雄

我的英雄 ……… 阿　狸 / 132

当我正想亲吻你的时候，你说你要变神仙 ……… 小太爷 / 140

爸爸的礼物 ……… 愈　之 / 143

北京往事 ……… 骆　阳 / 145

我的父亲只是一个"跑龙套"的演员 ……… 阿　杜 / 152

在风和日丽里遇见你 ……… zzy阿狸 / 157

理所当然的爱 ……… 浅步调 / 167

不妨把日子过成诗

　　如电影《星空》中女主角的一段独白所言，我们期待的美好其实并不过分，"一个眼神，一句话，一场雨，一阵风，或者，是一个点头再见——只要这么一点点的温暖，我们都会打从心里感到幸福。"
　　所以，亲爱的，只要爱与阳光俱在，就该怀揣希望，期待美好——在每一个睁眼醒来的清晨，在每一个你所能掌控的现在。

不妨把日子过成诗

左 夏

周末,凉爽的天气,惬意地自然醒,一片晴好的心情。拉开窗帘让枕头晒一晒清晨的阳光,自己则赖在床上刷微博,各种愉快地赞赞赞,转转转。

吃过早餐后去图书馆找书,借书处的男生很清秀,温柔地跟我说"记得十九号还书"。

午饭点了鸡扒,不经意说了句"肉好少啊",食堂阿姨便悄悄地多夹了一块鸡扒给我,还狡黠地眨了眨眼,"嘘"了一声。

傍晚心血来潮,一个人出去随处走走。

公交车上,隔壁阿姨抱着的小孩儿睡着了,头靠在我的手臂上,阿姨跟我说了声"不好意思",还特意挪了下位置。我笑了笑,伸出手臂轻轻托着孩子的头,什么话也没有说。

随便选了一站下车,路过一间公益书屋——满墙的便利贴写满了心愿祝福,书架上整齐摆放着各种可以免费取阅的书籍,更令人惊奇的还数那只随意睡在过道躲雨的流浪狗。全天开放无人看守的小角落,却满满都是温柔美好的小确幸——明信片上灿烂明媚的心情,还有书架上温暖的那句"来了你便是主人"。隐居在喧嚣城市中的小书屋:吉他、盆栽、茶具、佛经、明信片,以及静谧的小阁楼和幽深的巷子,隐约还可以听到后院有人在唱着陈奕迅的《单车》,干净清澈的男生嗓音,让喧嚣的心莫名得到安定……

这便是上个周末所发生的琐碎小事了。这让我想起曾经在哪儿看过的一句话，"日常生活的美，常是美在心甘情愿地一再重复一件看似无趣却乐此不疲的事情。并从中去发现新奇、美好和乐趣。"

是的，生活本就是不断重复的柴米油盐，但你自己却可以选择把日子过成诗。

如果你不快乐，那就出去走走。世界这么大，风景很美、机会很多、人生很短，不要蜷缩在一处阴影中。但出去走走却不一定要跋山涉水，在你生活的周围，也可以发现很多一直被你忽略的美。

当你学会去喜欢自己所处的地方，不管它是繁华如梦，还是荒凉如坟；当你乐意去发现生活中各种细小的动人之处，不管是角落里蜷缩着睡懒觉的小猫，还是晾在阳台上各种颜色的袜子；当你习惯用微笑去面对一切棘手的难题，在忙乱中依旧可以认真地给门前的花草浇浇水，趁着天晴晒晒被；当你在朋友圈和空间发的都是一些有趣的温暖的内容，在低落时翻看都会忍俊不禁……

你会发现，你已经在不知不觉间爱上你所拥有的一切，生活于你而言不再是违心的将就和无奈的苟且，而是一首灵动有趣的诗，五味夹杂其中，细细品味就是。

如电影《星空》中女主角的一段独白所言，我们期待的美好其实并不过分，"一个眼神，一句话，一场雨，一阵风，或者，是一个点头再见——只要这么一点点的温暖，我们都会打从心里感到幸福。"

所以，亲爱的，只要爱与阳光俱在，就该怀揣希望，期待美好——在每一个睁眼醒来的清晨，在每一个你所能掌控的现在。

既然生活处处是新奇，不妨把日子过成诗。

天青色等烟雨

鹿 眠

天青色等烟雨，而我在等你。

我把这句歌词记在心里很多年，以至于现在想起来都忍不住感叹一句：时光无情！

我小声念了遍白纸上龙飞凤舞的行楷，白纸黑字，像一幅滴淌的水墨画，字里行间，融入了一个少年炽热的心脏。

你应该是听到了我的呢喃，从手臂里探出头来，修长的手指捂在左眼上，半眯着惺忪的睡眼，伸了个大大的懒腰，巨大的校服随着你的动作舒展开来，整个人看起来像只刚从冬天醒来的小兽。活力、生机与阳光并肩前行。

我愣愣地看着，你浓密的剑眉由紧皱到平坦，眼睛用力一睁，长长的睫毛像是要把空气切割开。你指着我手中的草稿本笑道："你拿我草稿本干什么呀？"我耳朵一震，回过神儿来，慌忙放下草稿本，有些不知所措。你倒显得无所谓，扫了一眼草稿本又抬头看我，"你也喜欢周董的歌？"你眨了眨眼睛，漆黑的瞳孔里像藏着浩瀚的宇宙，神秘又令人神往。

我用力点了点头，双手放在口袋里紧紧握着，手心渐渐湿润，紧张得连逃跑都忘记了。

少年，你一定不知道，你的一个动作，一个转身，一个表情，一句无意在草稿本上潦草写下的歌词，都会像电影里的镜头一样定格在我的大脑里，无限循环播放。

那天，数学老师讲到斜率相同的直线方程时，突然文艺了一把，说世界上最悲伤的就是平行直线，明明挨得很近，却永远没有交集。你听罢把手举高发言，全班同学齐刷刷地盯着你，我在位置上贪婪地望着左上角的你的背影，仿佛只有在这种时刻我才可以名正言顺地把眼神落在你身上。

你说世界上最悲伤的是抛物线的两端，不仅没有交集，而且还会越离越远。你话音一落，全班同学立即跟着拍手起哄。

少年啊，其实数学里最悲伤的是相交线，好不容易有了交集后却要分道扬镳，沿着各自的轨迹渐行渐远。

相交再分离，才是这个世界上最悲伤的定理。

我每天在所有人都离开寝室后才慢吞吞地关上门，慢吞吞地走在前往教学楼的一个林荫道上，有意无意地往男生宿舍楼的方向瞥，直到看见你小小的身影出现在三楼第二个宿舍的门口。看你急匆匆地赶下楼，二楼，一楼，然后出现在宿舍大门口，急匆匆地往林荫道的方向跑。

少年，其实我是有私心的，我慢慢地走，慢慢地走，看你飞扑向我所在的林荫道，似乎是飞扑向我一样。我心甘情愿地跌入自己想象的虚幻情境里，尽管在现实面前它脆弱得不堪一击，甚至比不上一片泡沫。

我喜欢看你奔跑的样子，健康活泼，体内藏着无限的力量，像只英勇健壮的豹子。我看着你一点儿一点儿朝我靠近，然后像发现新大陆一般发现了慢吞吞的我。你把略带磁性的嗓音发散在空气中，"快点儿啦，要迟到了！"我点点头，随即跟在你身后慢跑起来。

你奔跑的身影被我一点儿一点儿雕刻在瞳孔里。你铺满正午阳光的细碎黑发，你冒着细密汗珠的小麦后颈，你宽大的跟着你的脚步而一起一伏的衣袂……你偶尔也会回头，而我则像一个偷东西被抓到了现行的小偷。我赶紧低下头，避免与你的目光相撞，我死死地盯着水泥地，仿佛下一秒就会有只奇怪的生物从地面上冒出来。

少年，对不起。原谅我只能用这种笨拙的方式偷偷把喜欢这朵向日葵栽在心底深处的半亩花田。

下课铃在肆意的雨声簇拥中响起，我走到楼梯口，看你从斜挎包中变戏法似的掏出一把蓝色的格子伞，一秒的时间，它落在你的手里"唰"的一声，像开了一朵绚丽的深蓝色的花。

我打开伞跟着你的步伐走入雨中，人来人往，庆幸我没有跟丢你。我跟在你身后不到两米的地方，就这样一直跟着，跟着你穿越人海，跟着你迈出校门，仿佛只要时间停留在这一刻，我就可以一直跟着你，去向有你的未来。

雨点在伞上尽情弹奏一曲钢琴曲，我躲在伞下看你从车棚中取出一辆白色自行车，你把雨伞固定在车上，"呼啦"一下骑上自行车，干净利落的样子像极了古代上马出征的将军，宛如眼前的暮雨连连就是刀剑交锋战马嘶鸣的沙场。

我就这样静静地站在那里，把整个过程收入眼底。我目送你一点儿一点儿离我远去，绵绵细雨把你的背影模糊得恍如梦境。

学校有个不成文的规定，每年开学典礼那晚都要举办文艺晚会。老师在讲台上宣布这个消息时，我们刚考完高一的期末考。所有同学欢呼雀跃，你在我左上方的位置手舞足蹈，背影像极了一只得到了蜂蜜的小浣熊。

老师说想在文艺晚会上表演节目的同学可以先报名，暑假两个月的时间再慢慢练习。所有人都不知道我在那天下午一个人偷偷去办公室报了名，没别的什么原因，只是想当着全校人的面，光鲜亮丽地站在舞台中央，唱首《青花瓷》给你听。

两个月的时间也足够让一个音乐白痴把一首《青花瓷》唱得优美动听深入人心了吧？我很轻易地通过了几轮筛选，拿到了最后的表演资格。

开学典礼进行到一半，你才从大礼堂的侧门走进来，你和坐在班级最右边的班主任交谈，所以并没有注意到我看你的目光。

新学期快乐，亲爱的少年。我在心里默念道。

开学典礼一结束我就被拉到化妆间准备。化妆，扎发髻，穿演出服，我看着镜子里的自己一点儿一点儿脱胎换骨，青花瓷纹的晚礼服服服帖帖地裹在身上，连帮我化妆的姐姐都一个劲儿地夸我好看，说我像是从古代穿越过来的女子。

我突然想起落了一支步摇在教室忘了带过来，跟化妆间的姐姐打过招呼后便匆匆地赶往教室。

我不熟练地踩着高跟鞋一路小跑。不知什么时候天暗了下来，厚重的云朵像染上了墨一般，不堪重负的样子总让人觉得过不了多久它就会掉下来。我不自觉地回头望了一眼大操场中央的露天舞台，志愿者们还在紧张地布置着——摆鲜花，束气球，热热闹闹。或许是隔得太远，我听不到那边喧闹的声音，在我眼里，这情景更像是一场悲伤的哑剧。

我气喘吁吁地出现在教室门口，让我没有想到的是，教室里还有两个男生正围着你的课桌，其中一个还歪着脑袋夹着手机，两只手胡乱地收拾着课本。那样子有些滑稽，可我却一脸疑惑，自然也笑不出来。

我慢慢走到自己座位坐下来，找出桌肚里的步摇握在手上。注意力却鬼使神差地被左上角也就是你的位置边上的那个男生的声音吸引。

他在打电话，电话那头不用猜也知道一定是你。

"哎呀你东西可真是乱……"

"没事儿先放我这儿吧，到时候你再来我家拿………"

"转过去就在新学校好好待着,虽然我很帅但别老惦记我……"

……

我一言不发地盯着那个男生,直到他捧着一大堆课本消失在教室门口才不情愿地收回目光。之前就听说我们班有同学这个学期会转走,当时我还乐呵呵地说不管是谁等他到了新的学校都得给我们每人寄份土特产。

我自嘲地笑笑,土特产有什么好的。

我紧紧地握着手中的步摇,突然恶狠狠地把它插入发髻中。由于太过用力,步摇上的小饰品被我弄得叮当作响。那声音清脆得像一曲优雅的钢琴曲,却又更像在演奏一首凄婉的离歌。

那天我似乎做了一个梦,梦里有这样的场景。

我穿着青花瓷纹的晚礼服拼命地往校门口的方向跑,高跟鞋踏着地上的水渍,陪积雨开一场盛世繁花。我从没想过我穿高跟鞋也可以跑那么快那么稳,但我看到离我不到五十米空荡荡的校门口时,难过地揪紧了身上的晚礼服,很用力很用力,似乎只有这样,才能安慰自己抓住了已经离开的东西。

胸口闷得快要窒息,一用力呼吸眼泪便趁机夺眶而出,我站在原地,泪如雨下。

然后梦就碎了。

主持人报完幕,熟悉的前奏缓缓弥漫开,我踏着阶梯,走向舞台中央。底下的同学高呼起来,满场的荧光棒像是被赋予了魂灵,在黑暗中东奔西跑,毫不畏惧。

一切都是那么喧嚣热闹,黑压压的天空却显得有点儿孤寂无聊。

前奏完毕,我开口,全场跟着合唱:

"素胚勾勒出青花笔锋浓转淡

瓶身描绘的牡丹一如你初妆

冉冉檀香透过窗心事我了然
宣纸上走笔至此搁一半
釉色渲染仕女图韵味被私藏
而你嫣然的一笑如含苞待放
你的美一缕飘散
去到我去不了的地方"
……

又是一段音乐，我望着台下，大家默契地闭了嘴巴，只有那闪耀着的数不清的荧光棒还生机勃勃。底下似乎只是一片宁静的萤火虫的森林。

舞台前的灯光突然闯入一颗流星。

一颗，两颗，三颗……

下雨了。

台下的同学像生活在沙漠突见雨的人们一样欢呼起来，似乎这场雨是刻意准备好的。

我站在台上紧握着麦克风，眼神空洞地望着遥远的暗青色天边。

雨终于还是落在了我的脸上，残忍地打碎了我所有的期待和渴望。我眨了眨眼睛，把眼泪硬生生地逼了回去。

跟着伴奏，嘴唇轻启。

少年啊。

天青色已等到了烟雨，而我却再也等不到你。

星星是路上夜晚的眼睛

倾城流年

"就快放元旦假了,可以回家了哦,开心吗?"

"不!"

"为什么?"

"你想回家被阿爸骂吗?"

听老弟说完"你想回家被阿爸骂吗"这句话后我沉默了一会儿。笑得很僵硬地回答老弟,"不想。"

阿爸又不是毒蛇猛兽,为什么我们会怕被他骂?其实我们也不知道,可能是因为阿爸的脾气特别臭吧,骂人就是很霸气的那种,生起气来家里人更是不敢出声,连大气都不敢喘。听小叔说阿爸年轻的时候坐过一周的牢狱,因为一辆摩托车的买卖拿铁棍和别人打架。小叔说这件事的时候,老弟和我惊讶得目瞪口呆,连问老妈知道这事儿吗。因为老妈和阿爸是同村的,算是青梅竹马,老妈应该知道的。老妈淡定地说知道啊,而且那时候他们还没结婚呢。老弟和我好奇地问老妈既然这样为什么还要嫁给阿爸,太不划算了。老妈含糊其辞不知道应该说什么,挥手赶我们一边玩儿去。

或许他们古老的爱情我们不懂。虽然阿爸在家的时候和老妈很少说话,有时吵架还会说老妈没知识没文化。但更多的时候是老妈在抱怨,因为阿爸身体不好,胆固醇高,家里的活儿都是老妈包揽了。阿爸要出差经常不在家，我们就是山中无老虎猴子当大王了，老妈要管我们有点儿困难。阿爸回来后，吃饭的时候就会数落我们，说我们只会欺负老妈，老妈已经很辛苦了，我们还不体谅她，都是成年的孩子了咋还不懂事儿，老妈身体不好，我们本来就应该分担家务活的……其实阿爸很爱老妈的，对不？

听阿婆说阿爸小时候成绩很好的，就是有点儿多动症。上课总逗同学，影响同学上课，被同学家长投诉。还总三天两头地和同学聚集打架，被学校记大过处分并送回家教育一周。每次上课迟到他就不去学校了，躲在竹林底下睡觉，睡到放学时间才回家。阿婆说整个镇上的学校都被阿爸上遍了，可阿爸还是读不成书，明明是那么聪明的一个孩子。阿爸从来都不提他"辉煌"的往事。阿公咬牙切齿地说阿爸说出来就会在我们面前丢面子，而且又不是什么好笑的事儿。可见阿公对阿爸曾寄予了多大的希望，像如今阿爸对我们寄予厚望一样。

每次我们考差都会被阿爸骂个狗血淋头，下次犯错阿爸还总会重提旧事。从我们读书开始，阿爸已经骂过我们无数次了。有人问骂多了不是应该习惯了吗？为什么还会害怕？因为阿爸是老大啊！做小的当然要顺从。老弟说即使阿爸骂得再厉害，他也不会恨阿爸的。阿爸那么辛苦地工作不就是为了我们安心学习能有个好的未来吗？所以他不想让阿爸失望。我们都不要让阿爸失望。

阿爸今年四十八岁了。今年是阿爸的本命年。阿爸看上去比大他好几岁的大伯还要老。大伯一根白发都没有，阿爸的白发已经快霸占他整个头部了。大伯每天腆着大肚子散着小步去市场买菜回来大饱口福，阿爸腰弯弯的，肚皮贴着脊梁骑摩托车去学校送饭给我们。大伯的手圆润多肉，阿爸的手皱巴巴的、布满老茧，还青筋暴突。大伯笑起来红光满面，阿爸不笑也是满脸皱纹，像个老头子。我觉得阿爸比大伯唯一优胜的地方就是比大伯多一个孩子。哈哈。

阿爸说大伯是已经开始享福的人了，两个堂哥出来打工好多年，家里的钱只入不出。而我们家则不同，我们三个孩子读书要用很多钱，很多方面要学会节俭。阿爸说他再也不是二三十岁的年轻人了，体力有限了。以前他连续开车六个小时都不用休息，现在开一小时他都觉得累。阿爸说他不可能养我们一辈子，他也不指望我们工作后有多少钱可以养他。

阿爸说有次他工作完去移动大厅办事，头晕眼花坐下来休息，闭上眼觉得特别特别累。阿爸说他真的很想一睡不醒，可他告诉自己家里还有老婆和三个孩子，他不能这样睡去。阿爸说这件事的时候正在向我们发火，因为我们偷偷看电视玩电脑跑出去混不做作业。阿爸说他原本不想告诉我们这件事的，可我们实在是太无法无天了，如果有一天他不在了，没人管我们了，我们还不得想做什么就做什么？！可能我们开始懂事就是始于这件事儿。老弟说他真怕阿爸就这样突然离我们而去，他不敢想象阿爸不在身边的家是什么样的。我们都无法想象。阿爸，您肯定会长命百岁的，您辛苦了！

其实阿爸的脾气还是挺好的，只是在我们面前威严霸气惯了，突然之间要在我们面前说笑肯定放不开。阿爸有挺多朋友，老妈说都是些"狐朋狗友""烦死了"。为什么呢？因为阿爸在家的时候，经常有人来我们家吃饭。这样老妈就会很辛苦，煮饭洗菜洗碗的活儿加重一倍。虽然我们也帮忙，但还是避免不了老妈向我们抱怨。阿爸也会经常去他朋友家吃饭。我们家吃饭是准时准点的，如果阿爸过了吃饭的时间，那我们就不用等他一起了。这时老妈也会抱怨阿爸总不在家，虽然阿爸在家吃饭饭桌上是安静的，如果他不在，我们就叽叽喳喳说个不停，但一家人在一起吃饭总是更香甜，哪怕是默默无声的。

阿爸挺受小朋友的欢迎，表哥家的四个小家伙特别黏阿爸。阿爸经常带他们来家里玩，和他们玩得哈哈大笑的。那眼神那表情从没在我们身上出现过。阿爸有时还喂他们吃饭，老弟和我更是妒忌得牙痒痒。为什么我们小时候没有这样好的待遇？我们安慰自己的理由是：那时阿爸还没有学会怎样当一个慈父，是我们的出生让他学会的，以后我们的孩子会有一个很慈祥的爷爷！

我是阿爸的第一个孩子，女儿。我听过有人说阿爸不喜欢我。我刚出生的时候阿爸还想过把我送给别人养。没发生过的事儿人家肯定不会说。我曾为此怨恨过阿爸，感觉他爱老弟比爱我多，所以叫阿爸这个词对我来说比吃肥肉还困难。某年阿爸生日，老弟发信息告诉我打个电话给老爸。我纠结考虑了大半天才发了条信息。事后我抱怨老弟提醒我。老弟说我那是心理扭曲！可能阿爸也听到别人的闲言碎语了，也感觉到我的敌意，和我通电话的时候不厌其烦地告诉我，他只有一个女儿两个儿子，手心手背都是肉，没有偏心谁的。每次阿爸说这些话我只会嗯嗯嗯……同学说一般来说阿爸都会偏心那个女儿的。好像随着我们的成长，阿爸真的偏爱我多一点儿了。

有人说父母和儿女是有心灵感应的，有些电视也这样演。然后这样的事真的发生在阿爸和我们的身上。有次阿爸出差帮别人砍木头割到了手。伤口挺深的，伤到了骨头，缝了好几针，流了很多血，还在医院住了两天院。阿爸没有告诉我们，连老妈都不知道。阿爸的手被割到那天，老弟打电话给我说他突然想打个电话给阿爸，可又找不出理由。于是我打了个电话给老妈，旁敲侧击问老妈家里是不是有什么事发生。老妈骂我疯了，不好好学习老是想些奇怪的东西。后来阿爸的朋友告诉老妈，老妈又告诉我们，我们才知道阿爸的手被割到了。老弟说还好最后有打电话给阿爸，也难怪阿爸的声音听上去那么憔悴。我们都惊叹这心灵感应的神奇。而阿爸的手四个多月才痊愈。老妈说她也不知道阿爸要吃多少大补的东西才能补回原来的身体。不用怕，阿爸很强壮的！

身边很多认识的人都是怕自己的阿爸的，与阿爸的交流也不多。这是再正常不过的事儿。阿爸是沉稳的山，表达爱比较内敛。阿爸是家里的顶梁柱，长年奔波劳碌，从不理怨。阿爸是我们的天，我们在他的庇护下安然成长。所以我们都很爱阿爸呐。

世界的每个角落里都有爱我们的人，那个人如星星，阿爸只是夜空中一颗平凡的星，长夜漫漫路漫漫，那颗星是照亮我们回家的指明灯。

跑步的时候，想起村上君

愈 之

我向来对体育课又爱又恨。爱的是热身运动后的自由时间可以偷偷跑去图书馆，恨的是要跑一千米！

一千米这事实在太恐怖了，首尾相连的四百米红色塑胶跑道，一圈又一圈，仿佛永远到不了头。每次在上面奔跑都有一种灵魂出窍的感觉，跑完之后好一阵子都觉得身体不属于自己。

因此当初阅读村上春树《当我跑步时，我在谈些什么》时，一点儿也不觉得它有意思，能硬着头皮看完只因这是村上的作品。那时候我怎么都觉得：一个写作的人每天花那么长的时间在跑步上，真有几分"不务正业"。

然而，现在的我却每天坚持跑两千米以上。

做出这个决定当然不是为了减肥（我要减去十斤八斤，距离营养不良也快了），只是单纯想活动一下，不要整天宅在家里看书写稿子玩手机。

刚开始跑步时，体育课上那种灵魂出窍的感觉光临了，两公里跑下来只觉得全身都散架了一般，或许是有一颗不愿意就此放弃的心作祟吧，一星期过去了，半个月过去了，居然坚持了下来，身体也渐渐习惯了跑步这件事，不出去跑一会儿，这一天也变得不完整了。

跑着跑着，我发现同样的风景，跑步时和走路时所看到的是不一样的。跑步时，花与草的气息扑面而来，若是雨后初晴，阵阵的泥土香气夹杂在空气之中，缠绕在你身旁，给你讲述生命的点滴；推着婴儿车的母亲、遛狗的男人或女人、慢慢前行的老人……他们被你甩到身后或者迎面向你走来，你与他们擦肩而过，总忍不住瞄上一眼；没遇上什么人或者景色时，倾听自己的呼吸和心跳，也能感受到快乐。倒是走路时，世界和你一样缺乏生气，斑斓的色彩只是色彩，身边的路人仅是路人，你想着你的心事，世界的模样与你无关，更别提生命的触感与活力了。

跑了将近一个月时，又想起了村上君的书，再读，便有了不一样的感受。原来他跑步时脑袋也是处于放空状态，原来他也觉得与路人擦肩而过很有趣，原来他也会在心情烦闷的时候多跑一点儿……关于跑步的大部分感觉都被村上放在一本书里面了。不同的是，他跑过四十二公里的马拉松，挑战过一百公里的超级马拉松，而我只想坚持活动一下身体。故而他描写的很多感觉是我还没能亲自体会到的。

记得很久以前一个朋友问过我，世界上大多数故事都被人讲过了，大多数问题都被前人解决过了，大多数经验都被他人总结出来了，既然如此，你为什么还要继续写作？阅读就好了吗。时隔多年，我已经不记得当初是怎么回答他的了，现在倒是想到了另一个答案：你经历的所有新鲜事物的心情早已有人在不同的地点或者年代经历过了，不用你来总结什么经验，也不用你来领悟什么道理，你现在的重新体验、重新经历本身就是意义。

亦用初心伴始终

沐 子

趁我还是十六岁，我想用文字记录下十六七岁时的故事，关于梦想的故事。

你是我压抑于最深处的秘密

第一次知道TFBOYS，是因为凯源的《洋葱》，王源纤长的手指在琴键上跳跃，完美侧颜和浅蓝色衬衫在灯光的映射下格外动人；王俊凯挎着吉他，拨动琴弦，令人陶醉的高潮和少年眼中的那丝惆怅令人无法逃离。从那以后，疯狂地寻找他们的足迹，了解他们的过去，了解到舞艺高强的易烊千玺，他们就那样一点儿一点儿地变成我压抑于最深处的秘密。

每一步的印记，每一站都不会忘

了解到他们的经历后，忘记了有多少个深夜心酸难耐。王俊凯说："不想被别人否定，就要自己更加努力。"从小参加各类选秀节目的他屡屡遭拒，一句句"NO"把他的梦想拒之门外。一直被否定，却一直没有放弃。他可以为搭早班车去训练而早起，不论是热浪似火的盛夏还是寒风凛冽的冬晨。他可以在所有哥哥们离去时还紧紧守着梦想，带着公司渡过难关。他可以即使在没有任何舞蹈功底的时候拉筋拉到掩面哭泣，也不轻言放弃。一切只因为：我想在一个大的舞台上，唱自己的歌。

王源的到来让王俊凯更有了坚持梦想的力量，薄荷音主唱王源是TF自制节目里的一哥。性格腼腆的他从记不清台本到应对任何情况都如鱼得水，他曾在不擅长的舞蹈上流泪排练，曾因为自己的不足而沮丧难过，他总是带给别人快乐，只在一个人的时候伤心落寞。他会在小伙伴咳嗽时递上水，做节目冷场时来圆场，在被醋泼到眼睛时转过身去擦擦又重新回来录制……他温暖，他善良，他有着一切美好的本质，他有着所有被爱的理由。

曾几何时，易烊千玺加入后三人组成了TFBOYS。从小就出道的他得过的荣誉数不胜数。过人的舞蹈技能、小时就参演过郭敬明的电视剧、写得一手好字……不可否认的是，这些成就都是他用汗水和努力换来的。在荧幕前他沉静少言，他有两个梨窝，他深爱自己的弟弟，他不开心时会罚轻松熊倒立，他也曾考过年级第一，他让人无可挑剔，他是个传奇。

他们是个传奇！

你给过的春夏与秋冬

喜欢上他们是中考前三个月，那阵子心情着实不佳，模拟考的接连失利，老师的鞭策，同学的较劲，让我对学习了无半点儿兴趣。他们的经历给了我一记大大的耳光，你付出的还没有他们的百分之一，你凭什么说放弃？便开始拼命地学习，想要跟上他们的脚步，每次坚持不下去的时候，想想他们，浑身又充满了斗志，充满了追逐梦想的力量，如果不是他们，那么我想我的存在定是另一种角色。

谢谢你,给过我的春夏与秋冬。

一起长大的约定,那样清晰

他们真正被大众熟知,却是两个月后接近中考的那期"快本"。知道他们要上时,内心欢呼雀跃,兴奋至极。播出当天收视率就稳稳地拔得头筹。那天以后,喜欢他们的人一夜暴增,他们被推上万众瞩目的平台,渐渐散发光彩。

然而,接踵而来的就是质疑和黑粉的恶意伤害。有人说他们假,说他们火得莫名其妙,他们被推到舆论的风口浪尖接受无情批判,也在一次次的洗礼中得到历练。那些人不知道他们经过了怎样的化茧成蝶,也不会懂为何今天的他们如此波澜不惊,善解人意。

很多人因为各种恶意中伤事件脱粉,也有人与黑粉对骂为偶像招黑。而我觉得,我们唯一能做到、又不会伤害到他们的,只有默默关注,打榜应援。我也曾做了视频却不知道该发到哪里去,也曾加了假QQ黯然神伤。隔着屏幕触摸骄傲,痛过累过,却从未想过停止追逐。我期望十年之约到期那天,我能在他们的演唱会上,或是疯狂叫喊,或是凝视掉泪,或是笑着说那是我爱的少年,或是哭着说那是我的青春。一起长大的约定,那样清晰,拉过钩啦,我相信。

一切都是因为爱

每一次看到他们在领奖台上自信兴奋的样子,我就有一种莫名的成就感。喜欢看他们努力得到回报的模样,喜欢看他们付出没有白费的时候,喜欢他们愈发沉稳的步伐,喜欢他们洋溢灿烂的笑容,喜欢最初的心跳,喜欢满是辛酸的年轻,喜欢三个人,喜欢他们一切的一切……所有的坚持与追逐,一切都是因为爱!

我很庆幸我是99后，很庆幸在这个十六七岁的年纪，遇到十六七岁的TFBOYS。那些在我们这代人眼中的梦想，是他们向世人证明了那并不是虚无缥缈的东西，是他们让我相信，梦想存在的意义。亦用十年，伴着初衷，换你荣光，方得始终。

青春是一场涂鸦

醉可一

初见的描绘对象

陶氧初次遇见张航，是在入学报到时。陶氧家住得近，没有住宿，所以一个人过来报到。人山人海的校园里，大部分学生都有爸妈帮忙拎着行李，个个像少爷小姐般地手中空空如也。陶氧在排队领校服，排在陶氧前面的是一个比她高出一个头的男生，男生旁边是一个中年妇女，陶氧一不小心就听到了他们的对话。

"这包重不重？我来提吧，你去领校服。"中年妇女试图拿过男生手中的行李包。

"不重，我自己拿就好，儿子又不是白养的，都长那么大了，一点儿东西还提不了啊。你都一身汗了，去旁边歇下，我领完校服再过去找你，快去。"男生听似责怪实则关怀的语气让陶氧禁不住抬起头把他的侧脸看个仔细。

领完校服，陶氧看到男生到旁边的小卖部买了饮料，开了瓶盖后递给了坐在花圃旁休息的中年妇女。

"这年头娇生惯养的少爷看得多了，没想到还有那么贴心懂事的好男生啊。"陶氧想。陶氧站在原地呆呆看了好久，这下，男生的模样已了然于心。

报到手续处理完，陶氧找到了自己的班级——初一五班，陶氧细细地看了贴在门口的名单，并没有发现认识的人。带着点点失望，陶氧认了一番路，准备回家。经过隔壁班时，陶氧也看了看隔壁班有没有认识的人。陶氧的视线停留在一张照片上，那不正是刚刚见到的那个男生吗？照片的下面附了信息：张航。缘分果真是无独有偶，陶氧一阵窃喜。

用心尖勾勒幅草稿

新生大会，每个班级坐成两排，校长在台上唾沫横飞地讲着新生准则。陶氧时不时地偏过头去跟同桌讲话，因为偏头的角度，刚刚好对准了正在认真听讲的张航。连新生大会这种全级会议都听得如此认真，想必不是学霸就是呆子，陶氧在心里感慨道。后来陶氧才发现，原来张航是个——学霸呆子！

一楼的厕所建在张航班级旁，每次上厕所时陶氧都会经过张航的班级，每每经过，都只能看到张航低着头看书的样子，跟旁边躁动的人群形成了鲜明的对比。像所有的青春剧场里一样，所有的喧闹只为了衬托安静沉默的男主。教室里闹哄哄的吵闹与追赶，张航低着头的侧脸，在陶氧心里勾勒出一幅草稿。

淡淡的紫罗兰

紫罗兰的花语是盛夏的清凉，紫罗兰的颜色纯真烂漫，又似乎隐藏着秘密。

夏日将午未午时候的阳光，澄黄黄一片，由窗户浸到桌面。音乐老师在讲台上放歌，"这节课自习！"一声令下，全班闹哄哄地开始骚动。陶氧把玩着湛明的阳光，在桌面上留下一道道阴影。一个阴影快速地掠过桌面，陶氧抬起头，看到张航抱着一摞作业经过。

"你脸怎么红了？"同桌余茵一脸疑问地看着陶氧红扑扑的脸。

"啊……应该是太阳晒的吧。"陶氧拿起本子扇风，"今天又遇不上了。"陶氧失望地想。

张航是数学科代表，陶氧也是。四班和五班的老师是一样的，这让他们多了一份关联。一般情况下科代表都是在上完课后把昨天布置的作业交到办公室给老师，陶氧偏偏每次都要等到放学后才急匆匆地上交作业。张航的数学课是最后一节上，所以陶氧算准了时间，祈祷能在办公室"偶遇"同样交作业的张航。有时候没遇上，总是有些失望，那就赖一会儿，找找借口说号数排乱了重新排，腻在办公室不肯出来。时间久了，连张航的脚步声都辨认得出来，陶氧也不抬头，用眼睛的余光看着他摆放作业，再听到他离开的脚步声，再听到自己心脏异常跳动的声响。一个星期有两次数学作业，交作业成了陶氧最期待的时刻。一次一次的"偶遇"，也成了陶氧最甜蜜的小秘密。

清新的柠檬黄

初一像只小白驹穿越过光阴的缝隙，直到初一结束，陶氧都没能得来张航一个眼神的交汇。像是永恒运行的旋转木马，不曾停止转动，陶氧是张航后面的那只木马，一直追逐，却依然是不变的距离。

上了初二后，陶氧依然是数学科代表，没想到的是张航没有延续他的科代表身份，一跃成了班长，"偶遇"桥段注定是上演不了的了。陶氧的班被拆分，陶氧依然落在了张航的隔壁班，唯一让陶氧欣慰的是，陶氧初一的同桌余茵被分到了张航的班级，这倒是给陶氧增加了条内线。

一开学班里的同学彼此都还不熟悉，特别是被拆分的班级，三三两两地被拆进别的班级，看着别人熟络的样子，陶氧有了一种寄人篱下的感觉，自然而然就经常跑到隔壁班找余茵玩，下课去找她聊天，放学找她一起回家。

余茵笑她，"当初坐在一起时都没看你那么殷勤呢。"

"都说失去才懂得珍惜，当时年少不懂事，你大人大量就别计较了啦。"陶氧扯着余茵的衣角撒娇道。其实还有一个原因陶氧没有说，就是张航。

每当去找余茵，陶氧便有了远远望着张航的借口。张航坐在靠近窗口的位置，陶氧和余茵倚着走廊聊着天，轻易地能望见他的一举一动。说是一举一动，陶氧却几乎没怎么看到他动的时候，绝大部分时间安安静静地坐着，也不知是发呆还是思考，一如陶氧初一每次路过4班时见到的情形。偶尔抬头，那定是有人跟他搭话，有时候也会有女生拿着理科题目向他请教，每当这时陶氧总要眉头紧蹙，视所有接近他的女生为敌人，恨向他请教问题的人不是自己。

嬉笑打闹的走廊，窃窃私语的少女，安坐在窗口旁的少年，是清新活力的柠檬黄。

天边的一抹橘红

放学回家时遇到对方值日，陶氧和余茵总会互相帮忙，打扫完后一起回家。一次在帮余茵值日时，张航没有离开教室，坐在座位上转着笔看着物理题沉思。陶氧扫到张航的位置时，张航依然认真到根本没有意识到有人在扫地。

"同学，我要扫地，麻烦你起来一下好吗？"陶氧站在旁边踌躇了一阵终于鼓起勇气说。

"噢，不好意思。"张航站起来让出空间给陶氧打扫。

陶氧拉开椅子，扫掉桌椅下的灰尘，张航就站在旁边。地面并不脏，陶氧却似乎扫了一个世纪那么长，连呼吸都不敢用力。

"好了。"陶氧抬起头刚好撞上张航的眼神，猛然觉得耳根一阵滚烫。

年少时一句话、一个眼神便能让女孩儿心跳加速欣喜若狂小鹿乱撞。夕阳西下，天边一抹橘红的晚霞把窗边的张航映成橘红色，像是在发光一样。

一闪一闪亮晶晶

每一颗星星都代表着我的心。不知道是否每个情窦初开的女生都会为自己倾慕的人折一罐星星，但陶氧觉得这是一件很罗曼蒂克的事情。

陶氧在学校旁边的精品店买了一个玻璃罐子和五颜六色的折星星的纸条，每一次遇见就折一颗星星，并写下遇见的场景。

"今天路过你们班门口，看到你在给别人讲题，看起来很耐心的样子。"

"今天迟到了，匆匆走过你们班，你居然往窗外看了一眼。"

"今天上楼梯时遇到了你，可是你走路从来不看人。"

……

喜欢一个人的心情，像是一颗巧克力，大口吞咽无法体味出它的丝润香滑，只有小口小口地咀嚼，才能尝出它的苦甜来。九十九张纸条，九十九颗星星，那是九十九场遇见。陶氧把星星折成一个个小细节。这时初二也快到了尾声，知了在声声叫着夏天。在一个四下无人的午休，陶氧偷偷地潜入了张航教室，把星星罐子放进了他的抽屉。罐子里除了99颗星星，还有一个名字：陶氧。

夏天的天空如此Blue

陶氧放完罐子出来的时候整个身体都在抖，她放弃了永久的暗恋，来迎接一个美好的未来或者潦草的结局。

第一天，没有任何动静，窗内依然是张航不动声色的侧脸。

第二天，陶氧沉不住气偷偷地去张航的抽屉里寻找罐子，或许他没发现呢？可令陶氧失望的是已经罐去抽空。

第三天，陶氧遇上迎面走来的张航，陶氧故意走得很慢，可擦肩而过的距离，张航依然没有看她一眼。

初夏的天空蓝得透明，一如陶氧般忧伤。

陶氧几乎想要叫住他，问个清楚问个明白。这并不是匿名表白，难道不是不管喜不喜欢都应该给个回应吗？真是一点儿绅士风度都没有！陶氧越想越气，可每当看到张航冷漠的神情又退缩了，天知道他会不会令陶氧陷入更难堪的境地。

清冷又明亮的白月光

每个人都有一段悲伤，想隐藏，却欲盖弥彰。

面对张航的冷淡，陶氧开始恼羞成怒。陶氧不再出现在他的视野里，恨不得消失才好。这样被无视，陶氧的自尊心彻底受挫。卑微到泥土里，然后开出花来全是胡扯，腐烂才是真。

既然卑微到泥土里会腐烂，那就站得高一点儿呗，总不会再看不到吧？

张航一直都是班里的好学生，成绩名列前茅，稳居年级前十。陶氧是属于顺其自然型，不会刻意去追求名次，所以虽然陶氧看起来每科成绩都不差，但也从来没有进过年级前三十。

"哼，当成绩公布栏上我的名字排在你前面时，看你还看不看得到'陶氧'两个字！"陶氧坐在书桌旁咬牙切齿地对自己说。

初二的期末考很快到来，陶氧并没有多少时间实现逆袭，所以成绩并没有进步太多。初三大考小考不断，陶氧看到了每个人都比以前更加努力，大家都在彼此暗暗较劲。"大概张航也是一样更加努力了吧？"陶氧深知这一点，"那我一定要比他更加努力！"陶氧下定了决心要比张航优秀，似乎这样才能输得漂亮一些。

　　初三了，大家都开始早起晚归。张航每天早早地在空寂的走廊上背着单词，陶氧就故意起得比他更早。张航晚上夜修学到教室熄灯，陶氧也跟到熄灯。临近考试，陶氧更是不惜牺牲睡眠时间通宵达旦开夜车。时间长一点儿，陶氧也会觉得累，想放弃，但每当想到张航冷漠的神情，又全身打满鸡血般有冲劲。张航像是照在陶氧身上的白月光，清冷，但是也给了陶氧明亮的动力。

　　俞敏洪说，做一件事情做到把你自己都感动了的时候，你就会成功。到初三第二学期第一次月考，陶氧总算把自己的名字挤到了成绩公布栏上，年级第八名，而张航刚好是第九名。陶氧心满意足地站在公布栏前看着名单想，"这次看你还能不能忽略我！"

藏在画里的污点

　　初三第二学期复习进入了白热化阶段，陶氧依然努力，但开始为了自己而奋斗。中考结束，陶氧如愿以偿地进了市里最好的高中，余茵则以几分之差与一中擦肩而过。在一次初一班级的同学聚会里，大家考好的唱着歌庆祝，考差的唱着歌发泄。

　　余茵压抑地坐在角落，郁闷地喝着啤酒，陶氧在旁边照顾着她，"你又不会喝酒，待会儿喝醉了回去怎么跟家里交代啊？不就没考好吗，你心里难受可以跟我说啊，不要用这种方式麻醉自己。"

　　"你考那么好当然能在这里说风凉话了。"余茵带着醉意冷冷地说道。

　　"做了三年朋友你就是这么想我的吗？"陶氧面对余茵的猜疑忍不住生起气来。

　　"朋友？你有把我当朋友吗？你喜欢张航那么多年你有告诉过我吗？"余茵质问着陶氧。

"你……你怎么知道的?"陶氧惊讶到几乎说不出话来。

"我……"余茵似乎发现自己说错了什么,低下头小声地说,"对不起。"

"什么?对不起?"陶氧被她转变得太快的态度弄蒙了。

"初二快结束那会儿,张航给了一张纸条,让我转交给你。"余茵愧疚地瞄了陶氧一眼,"可是我没有拿给你。"

"还有这一出?我怎么完全不知道?什么纸条?"面对突如其来的坦白,陶氧只觉得莫名其妙。

"纸条上写着'好好学习,一中见',我一看就什么都明白了。你又什么都没有跟我说,我又生气又嫉妒,就把纸条扔掉了。对不起……"

一年多以来对张航的恼怒,原来都是一场误会。余茵后来请求陶氧原谅她,陶氧没有拒绝。可是谁都知道,一张揉捏过的白纸无论多么用力地抚平,痕迹都在那儿。三年的友情,弥足珍贵,但一旦有了污点,便再也无法如最初般纯粹。对余茵,陶氧也只能留下礼貌了。

月光里的荧光棒

一朵被养殖的花,因为主人从未浇过水,所以还没开完只能半途而废。就在花儿奄奄一息时,一场雨露让它重获新生。

知道了纸条事件之后,陶氧曾尝试过联系张航,想大声地告诉他,"嘿,我考上一中啦!"可惜想遍了方法都没有找到一个联系方式,能帮忙的大概也只有余茵吧,但陶氧已经不愿意再麻烦她了。无奈之下,陶氧也只能一切交由缘分。有缘分的人,在岔路口不小心失散,也终会在下个路口相遇吧。

初三有个很长的暑假,知了叫了很久,总算迎来陶氧期待的九月。

陶氧一向独立,不顾爸妈反对,一个人拖着行李就来新学校报到了。在跨新校门的时候，看到远远有个人在跟自己挥手，张航背着阳光面向着自己，笑的样子宛若暖阳。

"Hi，很高兴认识你。"张航向陶氧走近说。

"Hi，我也是。"陶氧呆呆地站在原地不知如何是好。

"其实我在车上就看到你了。"张航说。

"是吗？那怎么不叫我？"陶氧问。

"因为我说过，一中见啊，为了实现承诺就拖到进校门咯。"

"这样。"陶氧一只手拉着行李，一只手紧张地扯着衣角。

"重吗？我帮你提吧。"

没等陶氧反应过来，张航已经把行李拉了过去。一如第一次见到他时的霸道体贴。"我们先去放好行李再一起去办手续，如何？"张航走在前面说道。

"好啊。"陶氧背着书包走在张航后面亦步亦趋。

"嗯，无论如何，中间虽然发生了很多不该有的小插曲，但我们还是在一中见了，那就将错就错吧。"

陶氧看着昂首阔步的张航小声地对自己说。

幸福突如其来，没有一点点防备。"但我会好好珍惜。"陶氧对自己说。

那年我高三

　　那一年我高三,也便是被称之为青春的岁月,它并没有那么多复杂的情绪和热血的故事,只是再简单不过的日子,我们同样带着最初的梦想去追逐,踮起脚尖去看看无垠的世界,就这样,我们已经走了很远很远,只是,到如今回过头时,那些日子依然熠熠生辉,令人怀念。

那段时光那个人

钟龙熙

你是来讨债的吧

历史试卷发下来,前面部分的分数少得可怜,红色的圈圈叉叉显得格外触目惊心。至于后面的空白一片我也全然不理,只是,那不合时宜出现的红色字体亮瞎了我近视加重影的双眼。

并不工整的黑色字体"实检出真理"下面画上了一条形态优美、色彩明艳的波浪线!附赠四个字:"什么东西"。显然,这是阅卷老师才拥有的特权。

身旁的家伙只需一眼,便开始捂着肚子笑得前仰后合,把误吞含笑半步癫引发的后果表演得惟妙惟肖。

我面无表情冷眼旁观他的夸张,这大概就是传说中的幸灾乐祸吧,我在心里暗想。心底燃起了一巴掌拍过去让他和墙上的地图做伴的冲动。

你问我为什么不这么做?因为我是一个有原则的人,只打人,不打他。

接下来出现了戏剧化的一幕,站在讲台上,黑不溜秋,挂着V字眉的历史老师强忍发笑假装淡定地说,"昨天交的试卷里掺杂了一张政治试卷，不知道是谁的。"语毕，班里响起阵阵哄笑声，也包括我身边的二百五。

老师不愠不恼地说："哪位同学的？"平缓的语气里没有要深究的意思，即便如此，也没有人会傻到站起来承认，因为那实在是丢脸丢到外太空了。

发卷同学抿嘴憋笑的表情映射进我眼里，在负责发卷的同学把试卷递给我的那一刻前，我绝对想不到那傻子就是他。

然后，峰回路转，这下换我笑得直不起腰了。我们光速交换了情绪。

这不是我变脸快，是因为考历史交政治的二货正是我旁边这个得了白眼病的家伙。我不知道他是故意的还是无意的，他是滥竽充数还是另辟蹊径我也不屑知道。

嗯，我们是冤家路窄才会成为同桌的。

他有一项独一无二令人生厌的特技，气我。具体表现为对我的各种压榨、欺辱。比如说，抄我作业的时候会刻薄地挑出我的毛病；轮到我们值日就玩失踪；和我打羽毛球时不择手段地让我输，各种扣球、界外球、高球；老师想点名回答问题，他就各种煽风点火，偷偷在底下喊我名字……类似的事情数不胜数，讲个三天三夜也没完。

我想，大概他这辈子最喜欢做的事除了数钱就是欺负我。

记得在某本书看到过这样一句话：男生越是喜欢欺负一个女生，就越说明他喜欢她。

我试图揣测他的动机，第一个排除的就是喜欢，然后我发现我败给他了，真是男人心也海底针啊。我用半开玩笑的口吻问他，"你该不会是喜欢我吧？"他瞪大眼睛用看外星人一样的眼光看我，短暂失语后像听到一个天大的笑话那样捂嘴狂笑。

"我说，你的脸皮真的跟男生宿舍前那棵树的树冠一样厚啊！"男生宿舍前那棵老树有七十多年历史了吧……是有够厚的。

从此以后，我更加坚定地认为我跟他是上辈子的仇家，今生讨债来了。

世界如此美好，又何必急着去怨恨她

自从上高中以来，我的数学成绩就像别人抛售的股票，只跌不涨，这是悲剧的前奏。至于这次期中考，我眼皮都懒得抬一下，胡乱在选择题处涂涂填填就会周公去了。发下来的试卷，二十五分，意料之中。同桌的一阵冷嘲热讽我也只是一个刀眼过去就完事儿。

本以为段考就以三百多分惨淡收场，回到家才知道有两个凶神恶煞的人物等着问罪。一下子就从家庭矛盾上升为对我个人的批斗会。他们不分时间、地点、周围人物地对我劈头盖脸地乱骂一通，把我贬得一无是处，俨然我是个对不起人民对不起党让今人唾弃后人诟病的千古罪人。我一声不吭地过滤着那些不堪入耳的辱骂，心觉得很累，倒也习惯了疼痛，不知道怎么回事突然就想起了那个嘴欠的家伙。

我单纯地以为哭过以后就会雨过天晴，可惜我错了。他们骂过我后还不罢休，拼尽全力成功地把事情闹大，闹到了学校，有一种誓要把我伤到彻底的架势。他们是想让我今后在班里抬不起头，还是想用激将法使我痛改前非？我不知道他们是如何打算的，我只看到夜里我的枕头湿了一遍又一遍。

白天，我趴在课桌上，像从前无数次趴在课桌上睡觉一样。袖子不知不觉湿透，浸在泪中。鼻子十分不通气，有种黏液要喷薄而出，我使劲儿往里吸，就是不肯抬头处理掉这令人难受的东西。本来没什么存在感的我瞬间成了众矢之的，周围的女生开始对我指指点点，嘴里吐露出的话语就像蛇信子，我无法让自己不去在乎。

"数学二十五分，她也好意思……"

"你懂什么，人家不在乎。"

"难怪我们班数学会倒数啊。"

"可不是，整天不是睡觉就是和人打情骂俏，成绩能好到哪儿去?"

"都怪她,害我们被班主任骂了个半死。"

……

耳朵不听使唤地将那些污秽的语言一字不漏地纳入大脑。听着那些尖酸刻薄的话,我不自觉地绞紧领口,心像干枯的树叶般开始皱缩,脑袋混沌得像要爆裂。有时候偷偷地想,这种生活,我真是受够了!

我希望有人站出来为我解围,可惜,我和班里的同学关系本来就不好,自然不会有人站出来为我说话。我没有勇气去撞破那些流言蜚语。真是可笑,我在为自己感到悲哀的同时居然想起了我那个二货同桌。

多么糟糕的人生啊……世界已经放弃我了吧……

有句古话怎么说来着,说曹操曹操就到了。他像个骑士般出现,附带主角光环,一声巴掌拍击桌面的巨响成功堵上悠悠之口。他义愤填膺慷慨激昂地开始陈词,"你们有什么资格在这里说三道四,一个个搞得跟长舌妇似的,也不怕闪了舌头。"没想到他的话这么有威慑力,只是简单的一句就让众人乖乖作鸟兽散了。

不一会儿,他的脚出现在桌脚旁,轻松一个跨步迈了进来,坐在我身旁。

我却不敢抬头看他,我不愿以这么狼狈的姿态出现在他面前。

这样,我至少还保留着最后的尊严。

上课以后,我用略带沙哑的声音轻轻说了句"谢谢"。我听见了他笑的声音……他拿起书,启唇读道:"世界如此美好,又何必急着去怨恨她。"

除了眼前的苟且,还有诗和远方

后来,我们建立了革命友谊,转变了针锋相对的局面,扭转了唇枪舌剑的状况。

这时候我才知道，原来我们也可以和睦相处。如今的我们成了亲密战友，黄金搭档，感情像是放入热水的温度计持续上升。

具体表现在他上课睡觉开小差老师来了我会提醒他以维护他三好学生的假象；老师叫他起来回答问题我会小声告诉他答案；轮到我们扫地，他不但不再开溜，反而卖力打扫甚至包揽了倒垃圾的光荣任务……

某天晚上，我说我想看不一样的天空，想来一场说走就走的旅行。

他二话不说去火车站买了当晚十二点的票，和我一起踏上旅程，去呼吸不一样的空气。我跟他说，人生除了眼前的苟且，还有诗和远方。听完，他看着我不说话，眼里的情绪让人琢磨不透，就在我以为会就此沉默下去的时候，他开口说："正好，我欠自己一场真正的长途火车之旅。"我想笑，但是我没有笑，我知道，他懂我的。

入夜，我们的钱不够住旅店，只是在连窗户玻璃都烂了冷风咆哮人来人往的火车站坐了一晚。冷到牙齿打战的时候，他脱下外套给我取暖。我问他不冷吗，他只是一个劲儿地笑。亮出胳膊做了个搞笑的超人动作，说自己强壮得很，我傻傻地相信了。可是第二天回去，他就感冒了，我骂他笨蛋，干吗要对我这么好。他说他是因为冲冷水澡才感冒的，和我无关。我半信半疑，只是想好好照顾身为病人的他，以弥补我内心的愧疚和不安。

多年以后，回想年少时的迷茫和执着，或许原因都记不得了。青春就是让我们张扬地笑，也有莫名的痛。

世界上很浪漫的四个字

生命中我们会不断地遇见一些人，也会不停地和一些人说再见，从陌生到熟悉，从臭味相投到分道扬镳，从相见恨晚到不如不见。

天下无不散之筵席，班里也没有不调位的同桌。搬书走那会儿倒没什么感觉，很久以后才发现少了他在身边贫嘴，日子变得有些难过。

虽然还在一个班，却没有机会说话，见面也只是打声招呼，再到后来变成了微笑，再后来连微笑都省了，成了不折不扣的陌路人。

有时候，突然觉得很难过，却不知道为什么。

我们的感情不是不坚固，而是时间的洪流太过凶猛，所有的感情都被冲刷得一干二净，只剩回忆。

照毕业照那天，他站在第四排，我在第二排他的左手边。

卸去光阴与尘埃的羁绊，我轻如鸿毛悄转头，那一刹那世间所有浮华一一散去。

世界只剩下他穿越时间与空间到达我灵魂深处的目光，耳畔突然响起那时他在火车上轻轻对我说的话，"你看，即使不是向阳的葵花，油菜花也有自己的阳光灿烂。"

眼前浮现那时火车窗外大片的黄色油菜花，那么多，那么好看，就像黄色花海……一直觉得"花开成海"是世界上很浪漫的四个字。按下快门，画面定格，那算不上对视的对视就这样镶嵌在那张由一张张笑脸组成的岁月静好的毕业照里。

多年后若我们再相见，也不过是你笑笑，我笑笑，道一句："好久不见。"

那时我们有梦

舸 轩

1

下雨天的铃声,有点儿像寒山古寺夜半的钟声。

我慵懒地看向窗外,瞥见一片新蓝。原来雨停了。

莫柒轻点我的肩膀,问我要不要去看"《诗经》舞"。我正想着现在的舞蹈好有深度,连《诗经》都可以当道具,最后发现我错了,原来是"丝巾"……

看完眼花缭乱的群巾乱舞,我们奔向饭堂抢饭。熙熙攘攘均为饭来,速战速决扬长而去。不一会儿,莫柒满面春风地杀出重重人围,只见两鸡翅栩栩如生纵插饭中,与青菜、黄豆、南瓜等缤纷五彩相得益彰,另有灰白丸子随意点缀,再洒上辣酱,香味扑鼻。不禁低头看自己那"白描豆腐"与"写实排骨",寥寥无几的青菜奄拉着白饭,整个画面清新简洁,观之如沐春风明月,食之却索然无味。

我虚心向莫柒讨教抢饭秘诀,谁知他边撕鸡翅边说这其实是人品问题,还说什么天将降大任于斯人也必先饿其体肤,叫我不必耿耿于怀……

2

我等凡夫俗子是中午不睡下午崩溃，而莫柒是不用午休照样生龙活虎的神人。据说他经常拿午休的时间写诗。

有时候，人会因为一首诗，喜欢上一个作者。那时我在报纸上看到他的《什么时候》，就对莫柒刮目相看。他的诗像一幅简洁明了的淡水墨画，清新纯朴，秀丽雅致，虽然简单，却很有韵味。

而我们的兄弟情谊，要归功于红枣乌鸡汤。那次饭堂人声鼎沸，我俩火力全开都无法入围，果断以退为进反败为胜，跑到小吃街扫荡美食，饱腹后唇齿留香回味无穷。印象最深的便是红枣乌鸡汤。乌鸡中杂以当归、枸杞和红枣提味，汤汁鲜甜，入口润舌无声；肉质成縻，松软不失嚼劲，点上酱油，入口即化，俨然春风带雨。两个吃货对这红枣乌鸡汤赞不绝口，莫柒赋诗一首，而我出口成联，横批就是红枣乌鸡汤。最后的最后，吃货相见恨晚，歃汤为盟，遂成拜把兄弟。

从此，我管莫柒叫哥。

3

"什么时候／能忘记墙角的哭泣／像你一样／漫步在小巷里／食指划过黎明的鸡唱／去寻找似水的年华……"说完我两手交叉放在脑后，架在栏杆上往后仰，一眼天蓝。

莫柒一手插裤袋，一手拔掉左耳的耳机，斜倚着栏杆，似笑非笑地看着我，"哟，恋爱了？"

我两眼迷蒙，尽力表现出淡淡的忧伤。

"哦，失恋了？你失恋就失恋，念我的情诗干吗？"莫柒一脸歪笑，说完把耳麦塞进我的左耳——"She's gone ／ Out of my life ／ I was wrong / I'm to blame / I was so untrue / I can't live without her love…"

Steelheart的《She's gone》，旋律伤感夹杂激昂，歌声凄清到撕心裂肺，高音穿透耳膜残存浓烈的悲伤。

话说莫柒你不安慰我就算了，不给我听治愈系的歌就算了，居然给我听这么惨的歌，这下我是真的受伤了。果然兄弟是关键时刻在你背后补一刀的。

我感叹："如果你喜欢的人刚好也喜欢你，该有多好。"

谁知莫柒又补了一刀："没办法啊，两情相悦那叫有情人终成眷属，兄弟你一厢情愿这叫问世间情为何物……"

4

莫柒说他要不停地写诗，不知疲倦，像一匹草原上肆意奔腾的野马。

我也觉得莫柒会写诗写到地老天荒。你看他蜗牛、苍蝇、蚊子皆可入诗，几近信手拈来，而且"害人不浅"。自从看了他那首《蜗牛》，我竟然喜欢上蜗牛的生存方式，决定做个慢吞吞的人。

而莫柒看完我的小说《城门》，居然喜欢上城门的沧桑。

我带他去古镇看城门。沿着台阶登到城墙顶，往外看是无边无际的田野，往里看是错落有致的房屋。那时太阳正一点儿一点儿落下去，他倚在墙上看日落，沉醉在那片日暮里，最后消融在渐浓的夜色中……

隔天我们去看海，据说这海惊现过海市蜃楼。海天一色，干净的海水卷着浪花猛击着岸边的岩石。海水漫过沙滩，留下一个空空的漂流瓶，反射着阳光。

莫柒随手捡了一根竹枝，在沙滩上写下他的英文名"Neves"。

莫柒很喜欢"7"。曾听他说："7不知何时开始，就和我很有缘似的。以前我有个Q名叫'第七个小矮人'，现在这个叫'莫柒'，我才发现自己那么喜欢用到7，索性视为幸运数字了。用'seven'当英文名太土了，就反过来用'neves'，查字典说是七巧板，还是没离开'7'。感觉好巧，哈哈。"

5

莫柒喜欢北岛。

我喜欢北岛的两句话："一个人的行走范围，就是他的世界。""那时我们有梦，关于文学，关于爱情，关于穿越世界的旅行。如今我们深夜饮酒，杯子碰到一起，都是梦破碎的声音。"

高二时忙于学习，我们退出了相伴五年的文学社。莫柒不怎么写诗，我也几乎辍笔。记得高一时我们都信誓旦旦地承诺要笔耕不辍，而现实终究让梦想变得有些卑微。

当我念完北岛的那句"那时我们有梦"，莫柒默默地低下了头……

有次打球，莫柒突然把球抛向灰蒙蒙的天，看着飘洒的雨丝发呆。他转过头问我，爱是一种戒不了的习惯，你戒得了吗？

我摇头。我也戒不了对文字的爱。对于文字，我们都放不下，也不可能真正放下吧。

学校的模拟考试纷至沓来，累人不浅。日渐憔悴的我决定出去大吃大喝，聊以自慰。

莫柒给我打电话时，我正在买冷饮。我跟他说，冷饮店的妹子给我推荐了巧克力冰淇淋，说我这种体型怎么吃都不会胖的。

莫柒问，那妹子漂不漂亮？

我偷偷说，不漂亮。

莫柒立马说："那怎么能听她的！立刻说就她推荐的这种不要，其他的都来一杯。"

我说，你任性你过来包场啊……

6

高二结束时，班级开了次茶话会。

老班在黑板上洒下俊秀飘逸的"完胜高考"四个字，还让众人在黑板上签名。末了他语重心长地说，芳名榜在此，高考后我们开个庆功宴哈……

我和莫柒相视一笑。怎么一恍惚就高三了呢？

之前我喜欢的那个女生，上去朗诵诗歌。居然是北岛的。

莫柒边嗑瓜子边说："兄弟啊，时间会带你去最正确的人身边，请你先好好爱着自己，然后那个还不知道在哪里的人，会来接你。"

"兄弟，那时我们有梦。为梦干杯！"

莫柒也举杯痛饮，"兄弟！那时我们有梦……"

"什么时候／我还能这样说／青春仍紧握手中／我们一直都在追逐星光的边缘线上／轻轻地告诉自己／梦在离心最近的地方……"

那年我高三

马佳威

1

高三开学的一场电器大搜查让我回到了"解放前"。

我唯一值钱的家用电器收音机光荣牺牲后,听不到催眠曲,我几乎每天辗转反侧,彻夜难眠。到了午夜十二点,窗外还有不安分的学生肆无忌惮的聊天声传入我的耳朵,我只好蒙着被子,咬牙切齿。

那时候,我们躺在一张软但是极其粗糙的草席上,草席是开学的时候,和枕头、被子、钥匙一起交到我们手里的,草席在夏天睡起来不舒服,草席下面还可能藏着让人毛骨悚然的虫子。我们的头顶上有两台吱嘎吱嘎转动的电扇,但是在如此闷热的季节里,这两只电扇扇动频率再快也无济于事。所以我总是被活生生地热醒,倘若不被热醒也被蚊子咬醒,总之,在没有天亮之前,我都会醒来好几次,然后背上毛巾,去洗把脸,擦擦身子继续睡觉。

如果收音机没有没收之前,我会在睡前听听女主播温柔而又磁性的声音,运气好的话能听很多温暖的歌声,不过天无绝人之路,当我再一次失眠的时候,隔壁床铺的兄弟递给我一个耳机,然后闭上眼睛沉浸在舒缓的歌声里,不知不觉就睡着了。

当然，也会发生意外的，因为天气实在太热，我为了靠近电扇，就睡在没有护栏这边，这一睡就摊上大事了。第二天宿舍楼下的黑板上赫然写着我的床位因为就寝不规范扣了一分。黑板上的扣分原因往往千奇百怪，比如有人在熄灯后玩塑料袋；被窝里发光，疑似玩手机……扣了分免不了受到班主任处罚，不过没办法，谁让我们是高中生呢！

2

　　高三的那段日子，班里开始明令禁止吃零食。这样一来，异常贪吃的我们诚惶诚恐，生怕自己好不容易省下的口粮全军覆没。尽管我们如此小心翼翼，但是还是免不了被班主任抓到。于是我们就这样与班主任展开围剿与反围剿的斗争。

　　实践证明，人民群众的智慧是无穷的，我们会用各种方式偷渡零食并且藏匿它。比如藏在纸箱里，然后用厚厚的书本作掩护，这样的效果让我们暗暗得意。但是好景不长，在某次我们去操场上体育课的时候，班主任展开了一次地毯式的搜索。风声传到我们耳朵里时，我们一下子乱了阵脚。大事不妙，因为我的箱子里还藏了三只鸡腿，准备在晚自习的时候享用，摊上班主任的大检查真是不幸。为此，我不免担心起来，整节体育课都心系"灾区"的鸡腿。

　　终于熬到体育课结束，我们火急火燎地冲进教室检查零食，我一看，鸡腿还在，它并未在这场突击战中阵亡，真是虚惊一场。

　　身为高三生，不仅没有特殊的照顾，还是从严管理，这让我一度感到愤愤不平。想起一句话：高三苦，高三累，高三真是活受罪。但是在受罪中，我们同样收获了诸多的快乐。

3

　　每天大课间跑步是全校总动员的时候，由于早春昼夜温差大，晚上又常常失眠，我一不小心就患了感冒，经常咳不出来又咽不下去，我断定这是病，得治。为了逃脱这场轰轰烈烈的跑圈，我就跑到办公室跟班主任请假。班主任正埋头沉思，由于班里请假的人日益增多，出勤率大大降低，再不控制，估计人人都抱着生病的幌子不去跑步了。同时我也陷入进退两难的局面，最后支支吾吾地告诉班主任："我……咳咳，我感冒了，我可以不去跑步吗？"班主任脸色一变，看着我说："感冒了呀，感冒就更应该跑跑，跑跑更健康嘛！""我又不是跑跑卡丁车！"说罢，我还是无奈地走出办公室随着人流去了操场。同桌形容操场是"跑一圈尘土飞扬，跑二圈漫舞迎沙，跑三圈战死沙场"。因为操场并不是橡胶跑道，是类似砂石铺成的，所以跑上一圈，恐怕我的感冒非但没好，还会患上气管炎。尽管如此，我还是坚持跑完了这场轰轰烈烈的千人马拉松。

跑完之后回到教室，那场面也是千奇百怪的，用课本当扇子，或者用纸张折成扇子，然后你给我扇扇，我给你扇扇，然后相互调侃。这场面别提多热闹了，虽然累，但是我们却苦中作乐。

正是因为有这样轰轰烈烈的跑步运动，所以每逢运动会的时候，我们都会本着重在参与的宗旨参加比赛。当我跑到终点的时候，看见来接我的朋友们，那一刻，我突然觉得，自己的一切汗水努力都是值得的。

4

每天清晨，等到打铃了还有三三两两往里赶的人。而老班这时早已面色铁青地恭候着我们，我们就在这样的氛围里，开始了高三学生平凡的一天。

如此忙碌的学习生活不仅仅只有我，我身边的同学也都要在六点半打铃时顶着浓浓睡意从被窝里跳出来，然后像一匹脱缰的野马，冲到食堂抢限量版的炒年糕，再折回宿舍洗漱，最后一路小跑欢脱地到教室自习。

作为文科班的一员，虽然压力小，但现实并不容乐观，因为比起理科班，文科班更多的是不断地背诵，大学录取线也比理科高，所以我们需要更大的努力。

然而，与理科班埋头做作业不同的是，我们总会劳逸结合。午后我们会趴在阳台上晒太阳，和朋友们拉拉家常，冬天来临的时候，我常与同桌一起在教室阳台上晒太阳，其间还不忘拿出英语书肆无忌惮地背着英语。有时候我们突然停下背诵，呆呆地看着楼下高一学生在玩跳绳游戏。玩跳绳，那是多少年以前呢？我想起跳绳不就是一次又一次不断地向自己挑战吗？不容许自己有丝毫的错误。所以我们也要不断地超越自己，把可恶的高考斩于马下。

因此，我们都全力以赴，当我在惨白的日光灯下走神时，我转身看见同桌以及更多的人都埋头看书，我怎么能不努力？所以把自己以前留在教室的闲书通通搬回了宿舍，并且在桌子上和墙上贴上了一些振奋人心的话，只要自己懈怠了，就看看那些话语：要想在人前光鲜，就必须在人后努力，成功的花不就是浸透了奋斗的泪水，洒遍了牺牲的血雨。

5

高三总有那么多意想不到的挫折，英语试卷发下来的时候，看着卷子上红通通刺眼的分数，我不禁感到难过，因为我已经做出了极大的努力，也许是基础不好，所以任凭自己怎么努力，效果并不明显。而我的同桌，尽管平日里把时间都花在了数学上，但是他的英语成绩总是遥遥领先，也让我深感无奈。

事实上，我和同桌的处境是一样的，他的数学不好，我的英语不好，我们都属于偏科的学生，换句话说，就像木桶理论，因为有一块短板，所以我们总处于中上游。我也曾经看到过同桌在数学试卷发下来的时候，偷偷趴在桌子上哭了好久，而我又不知道如何安慰他，只能任凭他肆意地哭泣。我拍拍他的肩膀，鼓励他一起努力，我们迟早会咸鱼翻身的。他擦了擦眼泪，朝我点了点头，殊不知，我们早已身心疲惫。

　　后来同桌问我想去哪个城市，我说想去北方，而同桌，想去云南。他把云南丽江的风景贴在自己的桌子上，然后告诉我他终有一天会到那里去，而那一天似乎离我们并不遥远。相比同桌的坚定信念，我却怀疑自己，我真的可以吗？

　　于是我把自己的目标写在英语笔记中，把每门课想要达到的分数写在纸上，每次考试结束一遍遍地跟目标比对，有时候面对可望而不可即的分数，最后又不得不降低要求。在这个充满激情挑战的高三，我们把所有的时间精力都孤注一掷。因为我们明白，我们决不能做一个轻易放弃的懦夫。

　　后来在一次打扫卫生的时候，我捡到一张小纸条，纸条上写满了目标分数，最后有一句：我一定要去云南大学。我不禁感慨，其实我们每个人都一样，心中存着一个朴实的梦想，为了这个梦想，我们一直往前冲，哪怕天寒地冻，路远马亡。

6

　　高考的最后几天，我看见了窗户玻璃上的画，水珠一滴滴滚落下来，整幅画已经渐渐模糊，我甚至看不清画中的孩子是哭脸还是笑脸，这时阳光从外面打进来，我坐定翻开课本。抑郁的氛围爬满了整个教室。

　　高考在即，班主任早早地来到教室，他叫我们画一幅画，我们纷纷惊讶地看着他。他让我们用手指在玻璃窗上画一幅画，有些人画了一艘船，有些人画了一个脚印，有些人画了一棵树，也有人画了一个猪头，而当我把手指触碰到玻璃的那一瞬间，我感受到了自己的未来不就是这一幅幅的玻璃画吗？我们怀揣着最远大的梦想，但是这些梦想都起源于这片土地，就算梦想像玻璃窗上的画，转身即逝。但是第二天充满雾气的玻璃上，依然显现出了昨日画过的痕迹。所以我们要迈着坚定的步伐，从这里出发，朝着未来勇敢地走去。

7

那一年我高三，也便是被称之为青春的岁月，它并没有那么多复杂的情绪和热血的故事，只是再简单不过的日子，我们同样带着最初的梦想去追逐，踮起脚尖去看看无垠的世界，就这样，我们已经走了很远很远，只是，到如今回过头时，那些日子依然熠熠生辉，令人怀念。

相思局里忆青春

纳 言

三月的雨巷

那一年的三月,春雨蒙蒙笼罩着这座名叫麟石的南方小镇,林泽已经开始为高考奔波了。每天早上,曲曲折折穿过清平坊迷宫式的长巷短巷后,才能赶到学校。雨里风里,走走跑跑,鞋子里渗进泥水,湿漉漉的感觉十分难受。林泽想着要不要考虑住宿呢,如果住宿的话,就可以不用下雨天蹚泥水了,实在是忍受不了这种湿淋淋的感觉啊。

雨水时而淅淅沥沥,时而淋淋漓漓,这样子的天气,会在南方持续很久。四百多度的近视,加上水汽氤氲,放眼望去,前方一片迷迷蒙蒙,唯独离自己两步远的一把湛蓝色雨伞特别刺眼,应该是王青舒的。伞下还露出一截微卷的发尾,发尾沾了水珠,像镶上珠宝,闪闪发亮,让人忍不住想触摸。这样想着,手已经攀上了她的发尾。王青舒脚步一顿,回过头来,眼神冷冷清清的。

林泽尴尬极了,赶紧扯出讨喜的笑容向她打招呼。但王青舒皱了皱眉,眼神依旧冷清。冷冷清清这个词应该是最适合她的。这个冷清的女生从未在课堂上发过言,从未在课堂上交头接耳,只有几个人同她往来,她就这样一直坐在林泽后面的座位上。林泽有时望着窗外的丁香花感叹，王青舒就是一棵高冷且数学细胞不发达的丁香树。

一天下午，林泽看到她一个人坐在那里，手中的笔写写停停，应该是碰到什么难题了。这时，周靖走到了她的旁边，但她却毫无察觉。周靖用手点了点她的肩膀。她慌张地转过头，迎来的是周靖温柔的目光："那道几何题，我给你讲三遍了，你懂了吗？"她脸颊微红，怯怯地说："还是没听懂。"

周靖无奈地耸耸肩，"要不你问林泽吧，他的解题思路或许你能理解。"她僵在那里，眼里闪烁着什么，然后气馁地趴在桌子上，闷闷地说："数学最讨厌了。"

而此时的她手里正拿着一本数学公式小手册，伞骨的水珠滴下来，砸在她手里的小手册上，湿了一大片。

她说："你扯我头发干吗？"

"呃……"林泽哑巴了，"只是想摸一下而已。"他话题一转，"那天考试，我把试卷竖起来给你看，你为什么不抄？"

王青舒没有说话，双唇抿成一条直线。

林泽继续说："这几次的考试成绩很重要耶，成绩排名最后的会被踢出重点班的。"

王青舒静静地站在那里，低头盯着自己的鞋尖。半晌她抬起头："快走吧，要迟到了。"

然后两人一前一后地走，一路无话。

突来的风波

早读课的时候，林泽神思游离，木讷地跟着大家念文言文。窗外的丁香花露出乳白色的蓓蕾，香气淡雅，林泽脑子里却还是王青舒那一截沾了水珠的微卷发尾。这时候王青舒被班主任叫了出去，林泽想肯定是王青舒的数学成绩又下降了，被班主任叫出去训话了。

隔着窗仍可以听到班主任气势汹汹地质问她："你这次的数学成

绩是102分，是不是抄袭林泽的？"

林泽心里咯噔一下，事情牵扯到自己，更是竖起耳朵听。

"这次考试意义重大，你这种行为对其他同学很不公平。你若能承认，惩罚还会轻点儿。像你这样的学生每年都会有，想要靠小摸小偷蒙混过关，最终无一例外都会在一轮轮的严格考试下被刷下来，就算你这次考试能侥幸过关，后面的考试看你怎么应付！"说罢班主任便凶巴巴地走了。

王青舒仰着脖颈，一脸倔强，刘海儿被风吹得凌凌乱乱，鼻翼一张一翕的，她目光一转，和正伸着脖子在窗口张望的林泽对上。她说："你在看我的笑话？"林泽心情复杂，没想到好心竟做了坏事，张了张口，许久没说出一句话。

王青舒不再理他，埋下头，理了理刘海儿，长长的睫毛在眼睑处投下深不见底的阴影。

"你为什么不辩解？"林泽突然问她。王青舒再次把头抬起来，说："你傻吗？你那天把试卷竖起来给我看，班主任亲眼所见，辩解有用吗？"林泽恍然大悟，点点头。

"我想班主任很快也会找你谈话了。"王青舒语气嘲讽。

果然，第二节课后，林泽被叫到了办公室。出来时，鼻尖红红的。王青舒问他："怎么了？"林泽说："老师罚咱俩扫两个星期的地。"王青舒的眸光冷冽透骨，"都怪你。"

林泽满脸委屈地望向王青舒的同桌王浩雨，王浩雨语言暧昧地说："林公子，献殷勤也得讲究方法，是不是？"

林泽臊得两耳通红，眼睛躲躲闪闪，没处安放，最后落在王浩雨手中的彩绘书上，"你看的是什么？"

"喏，夏达的《凤求凰》，青舒借给我看的。"

爷爷离世的前一年，记性很差，也不大认得人，只反反复复给他讲《凤求凰》的故事，所以林泽脱口而出："愿言配德兮，携手相将。不得於飞兮，使我沦亡。"

"哟，林公子果然好文采。"周靖突然插上一句，然后转向王浩雨说，"浩雨，你那本字帖呢？借我几天。"

岁月的涟漪

没想到那天后，看见王青舒身影的频率陡然增多。早上穿过清平坊的长巷短巷时，都会和王青舒不期而遇。其实清平坊的巷子并不狭窄，王青舒的伞骨却每次都要和他的伞相撞，然后甩他一脸的雨水；她的防水鞋也会激起一片脏兮兮水花，溅在他刚洗好的白色运动鞋上。林泽每每都苦恼不已，王青舒却仍头也不回地越过他，越走越远。是不是上次那件事惹她生气了？林泽烦躁地挠挠头，可是事情已经做了，后悔也毫无意义，只能用实际行动表达自己的歉意了。于是，每次上完数学课后，转过头去问她有没有不懂的地方，晚上打扫卫生的时候十分卖力，希望能减轻她的负担，但结果反招来她不屑的眼神。

或许，林泽的行动，王青舒是有几丝动容的。那次，班主任叫值日生把教室后面的那张废弃桌子搬到西楼的仓库时，王青舒主动叫林泽帮忙。西楼在植物园后面，桌子搬到仓库后，两个人沿着植物园的石阶往回走。四周安静，天下微雨，空气中有花的清甜。

突然，有什么东西盖在了林泽的眼睛上，冰冰凉凉的，林泽以为是飞蛾之类的小昆虫，惊呼一声，手忙脚乱地抓下来，摊开手心一看，是一片丁香花瓣。王青舒忍不住笑了出来。长风吹过，树上的白色花瓣簌簌飘落下来，林泽看着站在花雨里笑得眉头舒展的王青舒，一时失了神。

如落花吻水，时光的水波在此刻荡漾开来。

遇见她，是在岁月的最前端，垂髫稚子的模样。天井里，半轮明月，满庭清辉，王青舒和他坐在凉席上，摇头晃脑，跟着爷爷吟咏着诗词。

后来，夏日漫漫，他靠坐在桌案上，揉着酸涩的双目，看不清书本的字。王青舒就趁其不备夺过书本，林泽伸手去抢，却只抓到一截光滑的头发。王青舒就着页页诗词斐然翻开，有模有样地诵读起来："风老莺雏，雨肥梅子，午荫嘉树清圆……"

檐下的水滴滴破荷声，与吟诵声相互应和，自成一番词中景致。

光阴里，终是温情的诗意和恣意的欢笑，仿佛长风一起，王青舒的头发就如同诗篇般荡漾开来，婆娑又多情。

再后来，爷爷离世，王青舒的踪影也在老庭院中渐渐隐去。岁月流转，年华如殇，不觉间，也在他们之间隔开一条沟壑，相识却生疏。如今，她已长成少女的模样，却总给人一种冷凝的感觉。

谁写凤求凰

三月最后一天，原本平静如水的班里，有暗波涌动。

放学时，林泽和王青舒被莫名其妙叫到办公室。班主任拿着一本精致的线装本子，直截了当问王青舒："这个本子是谁送你的？"

王青舒低头抠着手指，犹豫许久说："不知道，早上来的时候，它就在我的书桌上。"

班主任意味深长看了林泽和王青舒一眼，转头问林泽："是你送王青舒的吗？"

林泽摇摇头。

像听到什么天大的笑话，班主任嘲讽一笑，说："这种繁体诗词，全班除了王青舒就只剩下你会写了。"

风吹起两片书页，映入眼帘的是正楷的《凤求凰》诗句。

落款处只写：赠王青舒。没有落款人的名字。

林泽了然，视死如归说："是我写的。"

班主任把本子摔给林泽，"现在是关键时期，把你送的东西收回去，不要拿出来惑乱人心！"

雨是从中午开始下的，林泽写完检讨书，从办公室出来，天已经黑了，夜风很冷。

"林泽。"一个比夜风还冷的声音突然响起。

林泽吃惊地看着从路灯阴影里慢慢显露出来的雨伞，果然是王青舒。

"拿来。"雨伞遮到他头顶，言简意赅。

"什么？"林泽一下子没有明白过来。

"那个本子呀！"

"老师叫我收起来。"

"不是你的本子，你好意思占为己有？"

"……哦。"林泽乖乖拿出本子。两手接替，她滚烫的手指划过他的手心，激得他异常紧张，"你……你不是不知道是谁写的吗？"

"周靖最近在练钢笔字，是他写的。"

王青舒依旧板着冷脸，眼角眉梢却都爬满了刻意隐藏的笑意。那一刻林泽隐隐感觉到王青舒和周靖之间似乎有什么故事，他内心波涛汹涌。

夜色加浓，雨势增大。他们在交叉的路口匆匆道别。夜风猎猎，贯巷而过，林泽失魂落魄，像个为情所困的痴情公子哥。

当夜，老庭院的窗户被大风刮破，雨水灌溉进来，将爷爷生前保留的书画浸湿了一大片。林泽将老得发黄的书画一本本翻开晾在衣架上，翻到一本硬笔书法字帖时，不小心撕掉了半页，那半页纸正是他临摹《凤求凰》的诗句，王青舒当时还笑话他写得不好，现在却连他的字都认不出来了。

林泽哂然一笑，将手中的字帖扔进垃圾箱。

麟石镇是个奇怪的地方，四月开始，天气喜怒无常。忘记带伞是一种习惯，以前的林泽把等雨当成一件惬意的事，今天却有些烦躁。旁边的王浩雨说："林公子，你和王青舒在一起了吗？"她这句话刚说完，像一个巨大的讽刺，王青舒和周靖就出现在对面的教学楼下，隔得有些远，但依然可以看到王青舒把什么东西塞进周靖的书包里。两个人有说有笑，周靖把伞倾向王青舒一边，似乎要共撑一把伞回家。

一瞬间，雨势浩大，黑压压地砸向地面。林泽觉得被背叛了，然而又嘲笑自己，从头到尾，都是自己一厢情愿，自作多情罢了。

王浩雨没有察觉出林泽神情的变化，继续说："我就知道那首《凤求凰》是你写给王青舒的。林公子就是不一样，表白的方式都这么诗情画意，你知道吗，现在学校很多人都在模仿你……"

林泽不想听她唠叨，眼看天就要黑了，他甚至做好了全面准备，打算就这样跑回家。

"给你。"

王浩雨的声音温暖而细腻，让他本来迈出去的一只脚愣生生停在那里，本能地望向王浩雨。不知为何，看着王浩雨清秀的脸，以及她手上那把雨伞，林泽又想起了那一夜的王青舒。

他本来伸过去接伞的手突然顿住，然后毫不犹豫冲进雨里。

高三分班，王青舒没有和周靖分在同一个班，听王浩雨说，王青舒和周靖之间似乎产生了什么矛盾，两个人渐渐疏远。林泽先心里暗暗窃喜，接着又惊恐地发现自己居然生出这种可恶卑鄙的心思。

当然，林泽也没有和王青舒分在同一个班，倒是和王浩雨缘分不浅。高三学业紧张，林泽选择住校，再也不用每天走湿漉漉的路，再也不用忍受湿答答的鞋子。

也，再也没有见到——

那把湛蓝的雨伞，还有王青舒。

直到毕业也没有见到。

相思局里忆青春

王青舒去杭州读大学了，这是林泽最后一次听到她的消息。那天，周靖来找他时，林泽正在庭院里的杧果树上摘杧果。

他仰着脸，把手里的线装本子递给林泽，"我总觉得应该把它还给你才是对的。青舒一直以为是我写给她的。"

林泽没有戴眼镜,居高临下看着他,树枝交错,将周靖本就不真切的表情切割得支离破碎。

王浩雨替他接过周靖手中的本子,问:"你们之间发生什么事了?"

周靖摇摇头。他不说,林泽也无从知晓,也不想知晓。

七月,日光倾城,仿佛将雨季里秘密盛开的一场花事暴晒死了,然而沉淀下来的心情,也只有自己知道。

长达三个月的暑假后,大家各自奔赴自己的大学。迎新晚会,看到汉文化社团出演的《凤求凰》,最感动的瞬间,林泽还是不由自主地想起清平坊那些寂寥的小巷。

五月细雨,丁香繁盛。少年少女并排走在深深长长的青石巷里。男孩儿小心翼翼把伞倾向少女的一边,女孩儿抱着书,含羞靠紧男孩儿。

老庭院的窗口朝巷子开,正可以看到这一切。

屋内空气清新,屋外景色幽静,而林泽在那一瞬间觉得自己石化成了一个比小巷还寂寥的局外人,可怜又可笑,张开口,连一声叹息都幽怨落寞。

暑假的时候,林泽回家乡义教。清平坊还是过去那个样子,只是之前住的老院子,有些破败了。窗户很难打开,每次打开都咯吱咯吱响,抖落一地的灰尘。

午后小憩,他经常梦见自己站在荒草丛生的老庭院里,一回头,王青舒便霸占了他全部的青春,但她却像宣纸上晕开的墨水,越来越模糊。

年少的时候,很多人会喜欢一个人,无论这个人的好与坏,无论这个人的深情与凉薄,她的一颦一笑,她的所有过往,你都小心翼翼藏在心里的一处柔软之地。

但随着时光的流逝,你会发现自己爱上的或许不是她,而是自己那遗失在雨季里,永不可找回的青春。某个人的存在与消失,只能证明你的青春里有过爱情,或者不是爱情,只是你一个人深陷长相思局里,对于自己的青春,深深地,沉沉地追忆。

你已不再是小孩子

翁翁不倒

当年我还不是高三党时，在新闻上看到高三毕业生在高考前的撕书活动，心里一阵羡慕，心想以后我也要这样做。后来问了身边人，发现我所在的高中并没有这个传统，一旦有人这样做，那他就是首创，势必会成为出头鸟被校长拍死的。而我们都孬得很，没有人敢这么做。

后来我真正成了高三党，直到高考前还对课本和资料依依不舍，毕竟里面都掺杂着自己的汗水与泪水，哪能说丢就丢。

我只听说有一个班很勇敢地带头撕书，碎纸片仙女散花般悠悠飘落，看得其他班蠢蠢欲动。

可是我们发现校长正站在行政楼上看着这一切时，整个班的人灰溜溜地跑下楼清扫纸屑。唉，大家都叹起了气，这又是何必呢？

做不成的事永远在骚动。我心里一直惦记着偷偷撒个野，给我一小块地方撒撒纸屑，我就很心满意足了。捧着一手的纸屑，我挣扎良久，最后还是送给了垃圾箱。我可不想为了一己私欲，害得清洁工阿姨那么辛苦。总之，啦啦啦，我的高三就这样结束了。

而相比我们学校而言，我们的一个兄弟学校就显得疯狂多了。他们不仅有考前撕书的传统，而且还很盛大，大有不把教学楼湮没不罢休的架势。

听起来很爽对不对？

可是我问过他们学校的一些同学，初三的学生非常不开心，"他们撕完都走人啦！我们可怜的初三党还要帮他们收拾！太没有良心了！"

高三毕业时，撕书是自己的选择，但是，开心了自己，却麻烦了别人；不仅不能给学弟学妹们做好榜样，而且给清洁阿姨造成了困扰，这样就不太好了。所以，当我们把书本撕碎扬撒出去之后，也要想到该如何清理这样的局面。

虽说你不想青春平庸而过，想要疯狂一次，可理智懂事更是你获得的闪耀着光芒的新标签啊！

今年毕业不撕书，揣上卖书的钱去小卖部买甜筒吃，约吗？

高考之外

彤 彤

北方的冬天带着彻骨的冷，我贪恋被窝里的温暖赖着不起来，母亲风风火火地推门进来，毫不迟疑地掀翻了我的暖巢。"还有一年半就高考了，每天优哉游哉，这样你连个二本都考不上！"

由此我陷入了深度的思考之中：我真的会因此连二本都考不上吗？如果考不上所谓的好大学，又能怎样呢？因此我就会成为庸庸碌碌的一分子，进入碌碌无为的人生吗？

内心斗争了一整天，写完了作业，我终于放下疲惫，怅然入梦。

梦中的世界却显得更加真实，清静宁和。那是一个僻静的小村子，七旬老人对着青山绿水拉着二胡，悠长的声音飘进每一条小巷。多动调皮的小男孩儿三三两两组成了小支队，巡逻似的满街跑。阳光正好，微风拂面，豆腐坊飘香四溢。而我不知道怎么就来到了这里，脚下踩着自行车，背后带着一把吉他。

骑着车子绕着小镇走了一圈，我遇见了一个和我年龄相仿的女孩儿，一身碎花裙子，长发飘逸。我很奇怪她为什么如此悠闲，就好奇地随着她进了学校。校园里书声琅琅，每个人都洋溢着笑脸。她告诉我，这里没有考试，她们只学自己喜欢的东西。听了这话，我就留了下来。我终于可以知道，在高考之外，我会成为怎样的一个人。

世上最幸福的事莫过于做自己喜欢的事情。我坐在吉他课的课堂里，手指与琴弦不断地碰撞。没过多久，我就可以驾轻就熟地弹奏了。未曾想过，兴趣之下人的学习能力可以如此之强。然后，我又学习了钢琴、木匠、管理……时间飞驰而过，转眼我已经二十四岁了。在巷尾我开了一家咖啡店，那是原来我们玩耍的地方。咖啡豆的香气伴着书香萦绕在屋子里，人们在这里闲谈、看书、小憩……静寂的时候，我会抱着吉他弹一曲舒缓的音乐，也有很多孩子跑来央求我教他们弹吉他。这样世外桃源般的生活正是我想要的。

这样的人生可能在有些人看来毫无意义，可是对个人而言，便是梦想的实现。梦想不分大小，不言贵贱，读了一个好大学也并不会比想开咖啡馆、学吉他的梦想更高尚。

时光继续匆匆而逝，四十而不惑。我的身边多了一位伴侣，陪我一起守着咖啡馆。此时，我又有了新的梦想——环游世界。于是我们一起背上行囊，踏过千山万水，品略了北方冬季的千里冰封万里雪飘，感受了新疆地区少数民族淳朴的民风，尝遍了南方深深小巷里的美食……看遍了美景后，我们留在一个偏僻的山村支教。那里的孩子纯洁无瑕，虽然衣衫褴褛生活拮据，却依然保持着向阳的笑脸。我们在那里待了很久，直至头发斑白。

梦醒之后，我坐在床上久久不能平复。我明白，这些都是梦境中的画面。高考未必会帮助每个人实现梦想，但是它并不会泯灭我们的梦想。既然无法逃开高考，那就努力地把每一天过好，这样才会有能力实现我们未完成的梦想！

我一直以为青春是件挺漫长的事儿，有大把的时间去爱想爱的人，做想做的梦，不必担心当岁月老去将在沉沉暮霭中无枝可依，因为，青春本就是一场自由迤逦的流浪。不管是在高考之内，还是高考之外，我都希望我们能做到有所爱、有所期待、有所幻想、有所继承。

就算失望,不要绝望

我们成长,我们读书,接受完九年义务教育再上高中和大学,又或者高职,但无论如何,都是在坚定叫梦想的信念,无论再苦再累,也甘愿像飞蛾扑火一样。或许这就是青春吧,或许这就是理想吧,它引领着你,走过一个个高山深谷,也走过一个个青草如酥,山花烂漫的柳暗花明。

但愿我们都能成为这样的人,不轻易放弃,就算失望也不能绝望。

就算失望,不要绝望

养 分

我每天晚上都要路过那个集餐饮娱乐于一身的场所——足球之夜,每晚都会偶遇一个女生,在此叫她作女。她跟我同级,但读的却是好上大学的小三类外的第四类——传媒。

她喜欢笑,笑起来面容清新,让人不经意也会跟着笑起来。足球之夜里打桌球的男生经常会跑出来跟她搭讪,她却一改面色,"学习不好还不用心,整天在这里醉生梦死,做人有意义吗?"

作女最喜欢的偶像叫刘同,一个写书的传媒人。其实我知道他的,从《美丽最少年》《五十米深蓝》到《离爱》,再到《青茫》《孤独》。我看着他从青涩到沉稳,一步步完成自己的梦。

作女也跟我说过,她上次暑假去北京学习,看完话剧时特意坐地铁到雍和宫,用手机里的百度地图搜索着光线传媒,看到楼顶上四个霓虹大字激动得说不出话来。她说:"偷偷告诉你哦,那时候我居然哭了,心里想着以后我也一定要像刘同一样出色。"

她住在我隔壁,因为洗澡间是共用的,所以每天早上我都要在等待中憋着然后不耐烦时拍拍门,催促在里面梳妆打扮的她赶紧让我上个厕所。

我出来时都会看见她在半掩着门的房间里专心地画眉化上淡妆,她的动作娴熟,技巧是无师自通的。作女喜欢站起来伸个懒腰再自言自语地背着那些专业知识。

记得有一次她在专卖店做销售的妈妈来给她送饭，但作女没带手机还在学校排练室练形体动作，她总是比别人努力尽管她总是说自己懒惰。

作女妈妈跟我寒暄了一下，再说起作女：你别看她成绩不怎么好，但她五六年级就立下志愿要做传媒人，以前在一中读初中，瞒着我们用自己攒起来的零花钱去报名上课，偷偷去，不敢告诉家里人。后来我知道后也不想阻挡她学这个，关键是那是她的梦想啊，难道我还要忍心去阻止她去追求吗？其实每个家长经历过的都会懂啊……

说完话后作女还没回来，但是她却要去值班了。我起身送她，她推说不要，还拍拍我的肩：要好好努力考大学。

我郑重地点头，似乎在做一个不小的承诺。

作女回来时一边吃着香味扑鼻的饭菜一边打电话给她妈妈，告诉她今天又会了哪个知识点和动作要领。电话那头传来一阵欣喜的笑声，我想，她妈妈肯定是欣慰的吧。

我不知道怎样去表达她对梦想的追求以及她妈妈对她的支持与期望。文字和感受永远差一步，希望她们都能如愿吧。生命经不起等待，但在等待的日子里要刻苦用功，来日方能茁壮成长。

高中最后一次家长会还是来临了，家长来的仅是一半，大都在为生活事业忙碌打拼。金哥热心地为家长们说着孩子们的学习情况。有些同学落泪有些家长落泪。

妈妈一直是我的后盾，最后一次家长会，她还是如期而至。下着小雨的早晨，气温有点儿低。她穿得不多，但一展开怀抱我便伸手可及。温暖得像冬天取暖的柴火，一点儿也不多余。

她拉着金哥说，班主任啊，其实我女儿很胆小的，请你多点儿关注她，她有一点儿鼓励就会卖力去学了。

金哥笑着说，这个你不用担心，我自然了解，放心吧。

作女带着她妈妈走进会场，好像很遥远的星星会发光一样。她妈妈因为打扮一番格外年轻，全场都笑着，一步一步仿佛走在云端。金哥和她寒暄，妈妈走过去和她聊一会儿，两人曾是同学。

会议上，校长特意点名表扬了作女，我转过头去望作女的妈妈，她好像特别自豪，猛劲儿鼓掌。我妈妈望向她，笑笑竖起个大拇指。我也有点儿惭愧，想好好努力。

后来她拿着录取通知书来找我，告诉我她做到了。眼角含泪也依然楚楚动人。

我们成长，我们读书，接受完九年义务教育再上高中和大学，又或者高职，但无论如何，都是在坚定叫梦想的信念，无论再苦再累，也甘愿像飞蛾扑火一样。或许这就是青春吧，或许这就是理想吧，它引领着你，走过一个个高山深谷，也走过一个个青草如酥，山花烂漫的柳暗花明。

但愿我们都能成为这样的人，不轻易放弃，就算失望也不能绝望。

减不下的肥，妹子就别再折腾

小眼鱼子

话说女人一生的事业除了要找个爱自己的人，还有就是减肥。

暑假，朋友CC曾介绍我做一份兼职：给某项减肥产品写篇文章赚点击率。首先，题目要足够狠。像那些"一天瘦十斤"的题目看多了，人家都不用点就知道这绝对是个广告的坑。所以，CC说，我们来点儿创新的，就叫作"一个小动作，打造完美身形"。然后在某个寒风凛冽的晚上，她QQ传来一大堆高清无码露肚露腿的个人照，顺便附上几段解说词：一年前的我一百五十斤，一年后的我瘦成九十斤，多亏了这个××药……乍一看，分明就是将我的下身和她的上身移植到了一块儿。人类伟大的PS，差点儿把我笑得像个神经病。

事实上，这次兼职老板表示特别满意，并叫CC问我有无意向留下来继续帮他的各种乱七八糟的产品做广告宣传。对于这种DUANG一下每天坚持摇一摇便可以瘦成纸片的东西，我是完全拒绝的，因为作为一个曾经被骗的读者来说，这些关于减肥的文章还是避而远之比较好。这大概也是因为，像CC这种皮包骨的人也已经开始挖空心思在闹减肥的时候，珠圆玉润的我怕再写下去会变成一个十足的自虐狂。减肥这种事，其实没那么简单。

远至《初恋这件小事》，近至正热播的《克拉恋人》，听说连杜海涛同志都成功瘦下二十多斤了。这些如此励志的典范真让人有种立马想去操场跑个十圈八圈的冲动。宿舍一妞儿已经列好了打造完美女神计划，从白天只喝粥，中午只吃一两饭，晚上水果将就，到最后干脆连水果也省了去，鱼肉鸭肉一片不沾，餐餐都是满盘绿。结果一个星期下来，整个人就跟个枯萎了的稻草人一样憔悴不堪。好不容易往体重秤上一站，三位数终于跌回了两位数，心花怒放之下当晚就立马拉着我们仨去消夜玩了一晚。后来，每次她大鱼大肉的时候我们就拿筷子立即挡住她，亲，你有考虑过当年压在箱底里那些超短裙的感受吗？她拍着胸脯说，怕什么，给我一个星期，完美身材马上来。整整一个学期，她抓耳挠腮想破脑袋也不懂，老娘当年是怎么甩开一包丽丽薯片，在偌大的购物狂潮面前可以做到心如止水纹丝不动的？

当铺天盖地的减肥广告打得一浪高过一浪的时候，身边的朋友瘦的肥的基本上都已经沦陷于此，琳琅满目的纤维素刷爆朋友圈，有钱的尽管各种喝和冲，没钱的只能每天在宿舍床板上憋足了劲哼哼唧唧地垂死挣扎自己的胳膊和腿。有时一出门，隔壁"王大姐"便一副"听说大夏天，跑步和帅哥更配哦"的表情，满血复活打了鸡血的样子，从眼前一晃，就留下个销魂粗壮的背影给我。减肥的过程就好比在乡村里开条小路，头几块砖铺得再齐整，也不能保证它不会落到开一半就销匿在乱石之中的悲剧。减肥这件大事，并不是一天两天便能有立竿见影的效果，这需要多少日日夜夜的坚持，必要的时候还得有多强大的意志力对各色食物说不。这股勇气，我没有，隔壁"王大姐"和舍友也没有，而那些长期坚持下来真正把脂肪减到骨子里去的人，大概都是偏执狂，却也都是神一样的存在，他们的故事都写着"不减肥何以混天下"的满满斗志，他们都是伟人。

可是妹子，如果实在减不下，那就算了吧。有人说，减肥，不过是一场身材的战争。不是所有的人都是鲁豫、劳模贝嫂和小甜甜，也不是所有的人都是靠身材吃饭的，我们都是世界上极为普通的一个女生。女为悦己者容固然没错，但如果你的魔鬼训练或者疯狂吃药只是为了瘦成非洲难民那样，那就未免有那么一点儿没出息。亲爱的女孩儿，若你没有胖到很离谱的时候，还是应该好好爱惜自己的身体。只要小日子过得开心，身体健康，一切都是天上飘浮的云。你可以拼了命坚持每天都去跑步，但你不可以什么都不吃；你可以起个大早赶着去晨练，但你不可以直接省下一顿早餐的钱去增加你的午饭量；你可以用牛奶等豆类饮品来暂时填下肚子，但不可以三餐都吃减肥药吃所谓的减肥餐。有个词可以适用在很多方面，它叫"顺其自然"。

养成一个好习惯，女生，总要对自己好一点儿！

有一本专门为胖女孩儿时髦出谋划策的杂志叫《La Farfa》，上面为胖女孩儿提供了各色的服装搭配，甚至连穿XXXL的女孩儿都有属于自己的一套装束。在这个瘦子横扫审美界的时代，胖妞儿也实在不必为了塞进一件超短裙紧身裤而折腾自己。每个女孩儿都是夏娃从伊甸园派来的天使，无论你的身躯宽或窄，胖或瘦，只要给你插上合适的翅膀，穿上合适的服装，所有女孩儿都能像扑扇着瑰丽翅膀的蝴蝶一样，吸引目光，不够瘦，也可以美。据说她们有一个好听的名字：棉花糖女孩儿。我相信棉花糖女孩儿身上是有股香气的，这股香气迎难向上，坚强而勇敢，飘进偌大的体操房，渗入骨头噼啪的每个高难度瑜伽动作。可是，青春苦短，来日方长，减肥本来是一场从头到脚都要设防的持久战，我们敌对的不是某个人，而是时间，谁能在最长的时间里忍痛守住自己的岗位，谁便能笑到最后。可是，世界这么忙，每天都阴晴不定，我们工作、学习、娱乐，每天事情一箩筐，就跟一杯水不可能被长久地端平一样，生活对于其他人总有更加重要的东西需要去追求和奋斗。那么，妹子，若假以时日，你的计划总是赶不上变化的话，那么，就请先不要挣扎了。留点儿精力做最真的自己，这个世界上减肥并不是头等大事。如果你也能够释然的话，做个胖子其实没什么不好。

套用蔡康永一句曾经用来形容另一个小众族群的话："我们不是妖怪，我们只是跟你不同而已。"

你觉得胖丑，那是你还没发现圆润的美。我们会力所能及地去瘦，但并不代表，肉肉的女生没人爱。

其实，有些时候，肉肉的妹子，更需要奔跑。

最彻底的放下，莫过于此刻我们是朋友

苏 铁

那个充斥着高考气息的盛夏距离现在仅一年之遥，于我却恍若隔世。一年，我还没来得及知道什么叫作改变，就已经悄无声息地迅速长大。一年后的这个暑假，我迫不及待地赶回家里，从未离家如此之久，尽管其实只有半年。

去年的这个时候我在深圳孤身打工，今年我站在这里等一个人。习惯性地比约定的时间提前到达。

趁着这个空当儿，我给你们讲讲我和他的故事好了。你听也好，不听也罢，我只是想讲一讲。

高一，喜欢一个男生，他安安静静做事情的时候特别认真，我不忍心打扰。打招呼说话跟别人一样，没有什么不同，但就是觉得他的每个动作都很到位，怎么看都很舒服，笑起来阳光，甚至让我觉得有点儿傻气，衬衫穿得很随意，后来才知道其实他很讲究穿着，随意又讲究得那么低调。

虽然同班却只有过极少的照面和对白。有一次他走进教室，原以为他跟往常一样走过我旁边然后坐回自己的位置，他却在快到我前座时放慢了脚步，拉开椅子面对我坐了下来，若无其事地开始与我和我同桌聊天。具体聊了什么我忘记了，那种感觉有点儿模糊，大概当时有被惊吓到吧，对他突然有了异样的感觉。

鉴于本人一直很慢热，所以整个学期跟他也只是不好不坏的同学关系，轻松聊天，随意搭话，不深不浅，仅此而已。然后呢，然后就因为文理分科而分班了。失落过，但过后来看，却是因祸得福。

分班后由于闺密与他朋友关系甚好，经常拖着我一起去他们班找人，我和他因此变得更加熟络，彼此之间的进展不温不火，不紧不慢。那时候有朋友悄悄跟我说他也喜欢我，这样的消息对当时的我来说用欣喜若狂来形容一点儿都不过分。于是更加坚定地喜欢下去，不曾质疑。

为他做过的事情不算大事，但凡是自己能想到的就都努力去做，只要在我看来对他好的都想办法做到，除此之外能记起的蠢事不止一两件。其中包括有为了看他打篮球差点儿被球砸到；为了送他平安夜苹果而在到拐角处跑进厕所洗手，一直到后面的他也走到拐角处再若无其事走出来假装偶遇；也因为在热水机边倒水突然碰见了他然后烫到了手；还有因为走廊偶遇对方，几句问候就傻笑不已连闺密都看不下去的花痴状……当然这些都是小事了。

直到后来他答应我的事情接二连三地失信，虽然对他热情未减，却已经有了得不到的痛楚，以及对他所谓的承诺不实的失望。尽管如此，却已经很喜欢了，我至今不愿意称这为深陷泥沼，至少当时的我觉得喜欢一个人还是一件很开心的事情。更何况当时他对我也是很好的——亲手冲咖啡给我提神，我感冒时给我送冲剂，走路总是在外沿护着我……

至于为什么没有了结果，大概也可能是因为那时候小女生的心理太傲娇，总觉得应该等男生来告白。然后就一直等啊等，等到毕业都没有动静。其实也动过倒追的念头，但是朋友说，他不喜欢你，你说了也没用；他喜欢你，连跟你表白都不敢，还算个男生吗。我觉得有道理，再加上心里那股虚荣劲儿在作祟，就对自己说：等他来说吧，等填报完志愿吧，再不然就逼自己放弃了。

然后就真的到了报考志愿的时候，毕业后就更是杳无音讯，然后傲娇情绪又来了，不肯自己先迈出一步，又特别难过，就跟我妈说我要去打工。我妈想想有道理啊暑假干点儿事好，然后我就收好行李去了深圳。

在深圳生活了一个多月，从早上八点多忙碌到晚上八点多，忙完之后累得躺下就睡。有时候醒来眼睛都是水汪汪的，除了对货是站着不移动，每天送完货脚上都是水泡，然后又在工作上或受委屈或受挫折。我记得消失近十天后，我拨通了朋友的电话当时就哭了，眼泪流得惨不忍睹。但是还好，声音还是很平静的，没有哭腔，大概朋友会认为是信号不好吧，就这样边走边哭边说话，差点儿摔了一跤，路旁几个人看到了就大声笑着说美女看好路啊，我转过身哭着对他们笑了。

挂了电话找了个没人的地方蹲着继续哭，哭完发现没纸巾又不好意思去买，还好当时天黑，走在路上光线暗的地方把泪风干了才回的宿舍。花了一个月的时间适应这样快节奏的生活，用剩下的半个月努力把这样快节奏的生活过得畅快一点儿。尽管总是熬夜，却意外胖了几斤。大概太累了，每次都吃很多饭。然后一个多月下来才发现所谓的失恋（好吧当然是指暗恋的失恋了）没有那么严重，忙到没有时间去难过去思考这段感情的是非对错值得与否便这么不知不觉地放下了。

我知道放下一段感情不容易，毕竟真心付出过。我并不后悔喜欢过他，我当时就是很喜欢他，至于曾经纠结于他到底喜不喜欢我跟不跟我说，再讨论也没有意义。

前几天闺密跟我说，我喜欢的这个男生跟其他人说我喜欢他。这么看来，他自己是有所察觉的，那么所谓的"他都不知道我这么喜欢过他"的遗憾也就没有了。至于他怎么知道的并且为何又跟其他人提起这件事，我想不清楚为什么，也就不想了。反正我现在已经不喜欢他了，但我依然很喜欢那时候的自己——趴在楼道上看操场上的他打篮球；认真听他讲每一句话，喜欢他的每一个小动作；送他生日礼物送他平安夜苹果；给他学习上的帮助，答应他的一切要求（其实他也没怎么提过要求）；偷偷去看他参赛前紧张地练舞，然后在人群中一眼认出他的背影。老张说，喜欢一个人，连他的背影都深刻脑海啊。

嗯，反正就是，一个人的心甘情愿吧。我想只是因为成长吧，成长教会我的东西，非我所愿，却也会融为我身体的一部分。

结果是，就这样地放下了，没有带着悔意，只是很感激。

忘了说，我等的那个朋友已经到了。他还是高中时我喜欢的那个样子，只是我们之间已经没有了故事。

我见到他，微笑着挥手示意。

嗨，好久不见，我的少年。

我想，对我来说最彻底的放下莫过于此刻我们是朋友。

得到的都是侥幸

蒋一初

我不太喜欢和别人提起我的高中,那时候的生活黑暗得看不见未来。

在高中,我最怕的就是闹钟铃声,每天早上醒来的第一件事就是在大脑里搜寻课程表,看看这一天有哪些课可以睡觉,给自己一些心理安慰。喜欢上课吃东西,只要不注视老师的眼睛就可以不被批评,我一直活在自己的世界里。

朋友少、成绩差、不主动和别人交流、老师不重视,我就是青春小说里的女五号或者女六号。

那种感觉很奇妙,从起先的失落到最后的窃喜,都只有自己知晓,无人分享。

没有人理会的高中是一场灾难,自卑从那时候开始愈长愈茂盛,我小心翼翼地分解着别人的每一句话、每一个眼神,害怕被瞧不起,变得极端。

那不是我想要但没有办法不变成的自己。

好在这一切都已经过去了,那段经历只会让我更加坚毅,而不是脆弱。我从不感谢那段时光,但我感激在黑暗中孑然一身的自己。一身孤勇,吞下恐惧。

压力最大的时候是高四，所有人都知道我复读的原因是认定了上戏。几乎所有人都觉得，认定了就是信心十足，就是不可能考不上。甚至还有人说，以你的水平，玩一年照样考得上。

只有我自己知道，我还差得很远。

复读的客观原因很无奈，不想再提。主观原因是因为我不愿意让自己后悔，用一年的时间来断绝自己的退路。

二月份去新概念复赛的时候，和阿青闲聊。阿青说："复读了，阅历有了，新概念也两次了，也沧桑了。今年应该差不多了。"

差不多了。

阿青是了解我的，因为他也经历过。差不多到底是差多少，旁人从来都不会知道，我也不会让别人知道。或者说，我自己都不知道我还差着多少，只是觉得上戏是坐落在静安区的一个梦。

我不看励志片，不知不觉却成了别人眼中的励志同学。很多人都说我是他们的目标，我好像一下子就回到了从前。

高二的时候在杂志上看到贾彬彬的高考经历，从未有过的震撼，就好像一个炮弹一下子炸开了我的脑袋，火星子就是梦想，装了满满一脑袋。高三去考上戏，阿青找到了贾彬彬跟我讲解考试事宜。见到了真人，卷发红唇、风衣长靴，美艳不可方物。

我要考上戏，很大一部分原因是贾彬彬。

后来在杂志上看到贾彬彬的文章，她说自己考上戏是因为张晓晗，被张晓晗的魅力所吸引。

为自己树立一个标杆是极其正确的决定，我们都做到了和自己喜欢的人师出同门。新概念同门，上戏也同门。

取得了一些成绩后，很多人都向我取经，希望走捷径。我没有办法告诉别人怎样才能入围新概念，也不知道怎么解释如何才能考进上戏，只有不停地说："这些都靠运气。"

一个人从来都不知道他的未来是怎么样的，没有办法根据结果创建过程，每个人都是在摸爬滚打中学会了避开荆棘、喝露水，我没有特定的模式可以给别人。

得之我幸，失之我命。不是不愿意面对，是自我安慰。

高考前，经常早上背书背睡着，写试卷写睡着。喝咖啡一点作用也没有，晚上睡觉的时候腰椎疼得睡不着，还有耳鸣。现在再看到喝剩下的速溶咖啡还有空空的写字台，觉得连空气都变成了悲伤的隐喻。

丢掉了那些书，我的青春都空了。

那时候，我脑子里总想着考完后要写长篇大论来祭奠逝去的岁月，好像只有那样才能给我自己一个交代。可真正结束了，却没有那样的冲动。结束了的高中生活像一块打磨圆润的琥珀，再怎么把玩，也触碰不到曾经像眼泪一样的树脂。

我用一篇散文结束了我的高中生活，一点儿都不随便。

听什么别道听途说

——一名高考女生填报志愿的纠结与释然

文 丹

今年夏天，我终于从高考这场没有战火硝烟的战争中杀出重围，但经历完高考后，还有一场更需要勇气和胆量、细心和耐力的考验，那就是人称比高考那两天还难熬的填志愿。

当知道高考分数后，总是几家欢喜几家愁。放榜那几天，我看了各地高考状元的新闻，也看到想不开自寻短见的新闻。好友圈里刷屏的都是"别问成绩"之类的动态，但也有人晒成绩单，还有人约好"天台见"。但当拿到报考指南之后，又开始讨论哪个学校好，哪个专业吃香，哪座城市就业率高，哪些专业在就业率里亮起红牌或是绿牌。

无论面对什么样的结果，既然无法避免，我们就只好接受，乖乖地把专业目录和报考指南啃完才是王道。

知道分数后，其实只有几天的时间填志愿，在这几天里，我忍受了比高考备考还要大的压力。总有不常联系的三姑六婆开始借着关怀的名义打听你的分数，再和她们家的孩子作对比，然后以一句"没关系，我听说××大学也挺好，你报这个啊"收尾，多轻松。也有大爷小叔开始跟你说填志愿的原则，以过来人的身份告诉你哪些专业好就业，在电话里固执地说"我叫你报这个就报这个，听我的准没错"。还有老一辈的爷爷奶奶会时刻关心你，时不时跟你说，"读师范好，什么都不比女孩子当老师强。"

其实我对于这样的建议总是哭笑不得的，凭什么我的未来要他们做主？他们说的话就一定是真理了吗？难道我就应该道听途说而不去听从自己的内心想法？

别误会，其实我这样说并不是否定了长辈们的人生经验，只是社会的变化实在太大，而身为已经成人的长辈之所以能够趾高气扬地在我们填志愿时指手画脚，可能真的只是因为他们比我们年长几岁，但他们那些人生经验未必有用。

在那几天里，我一所所大学地找，几乎把报考指南都翻烂了，在学校专业旁边圈圈点点，一一对比上一年的录取分数线和最低排名。在学校与专业面前，我还是选择了感兴趣的专业。面对专业和舆论导向时，我也听到很多对这个专业未来不看好的评价，当然也有喜欢这个专业的人在说这个专业就业有多好多好。其实我想，在高考这个只是人生第一个转折点面前，让一个高中毕业生就定下终身志向是否有点儿过早，有点儿不切实际了呢？

我记得高三开学初学校举办学习交流讲座时，一个从千里之外的哥伦比亚大学赶回我们学校的师兄在讲台上很激动地说：我至今仍然记得填志愿时那种焦虑，但它也让我知道我真正在乎的是什么，宁做鸡头，不当凤尾啊！后来我才知道，分数足够上清华、北大的他，选择去了中央财经大学念喜欢的金融，再一路披荆斩棘杀去美国。个人能力有高下，机遇可遇不可求，但当你把兴趣学好，其他也许就不再是难题了。

当我和朋友各种联系，讨论报志愿时，好朋友说我特别适合哪个哪个专业，我当然也有被人撩拨几句就热血沸腾的时候，认为自己无所不能，但是现实总是会给你打脸的巴掌，所以在听完建议后，我又在凌晨关灯时枕着手想了好久，仔细地考虑我的志向、野心和个人能力，最后还是稳妥地选择了我喜欢的又合适我的专业。

再来说说女生志愿选择的问题吧。其实相比男生，女生们在填志愿时面对的压力比他们多得多，我很庆幸父母没有在我选择时用道听途说来的话语阻挠我，也没有用"女生就该如何如何"之类的话语动摇我。我有个邻居姐姐就是活生生的例子，高考填志愿时就被爸爸说女生读书没用别填志愿了，大姨大妈纷纷来家里劝阻，"高考分数又不能上'211''985'，还是别读了。"自己也就没有再去争取读书，当别人拿到录取通知书时她就去了珠三角打工，认识一个外省的男工友，不到一年就结婚生子，好久都不能回一次家。我仿佛看到了她的一生，想想就心酸。虽说我们无意成为女强人、女博士，但还是希望自己的人生可以自己掌控，女生越是优秀，选择的空间也就越大。到真正优秀时，是否结婚生子已经不再是衡量幸福人生的唯一标准。所以姑娘们还是应该多点儿主见，才能多点儿见识，才能明白大千世界不止眼前的苟且，还有自由和自我。

当录取结果出来后，也是有人欢喜有人愁。我终于可以拿着那份满意的结果去感谢爸妈，感谢高考。当初顶着舆论去选择，现在终于可以放下那份担忧了。

就如莫泊桑在一百多年前说的那样，生活不可能像你想象得那么好，但也没有你想象得那么糟。填志愿也一样，专业没有好坏，最重要的是听从你的内心，听什么别道听途说。

长天阔水，无期后会

九 人

失 恋 者

总是抓住晚自习闲聊的一切机会秀恩爱的我，刚刚语气严肃地告诉同桌说，本女侠才不是不谈恋爱会死星人。

并不是我终于良心发现不忍再虐单身狗，而是因为我失恋了。在我和陈九临终于成为别人口中无比艳羡的长久的一对时，忽然就连我们所有的过往都泯灭得一干二净。小葱拌豆腐似的，青葱嫩白都显得泾渭分明。

我在第一节晚自习课间拿到陈九临寄来的分手信，把信纸平摊在课桌上认认真真一字不漏地看了好几遍。该怎么形容我的感受呢？就好像以百米冲刺的速度去跑一千米，觉得自己铁定能满分啦，却在到达终点后被告知计时失误，需要重来一次。已经虚脱到近乎喘不上气，更遑论破口大骂掩面痛哭，对于我来说都是没有多余的心力去做的事。

原来心痛并不是一种文学的比喻手法啊，这是一种多么真实存在的生理感受。我告诉自己镇定啊镇定，左手指甲把右手手背抓出血来却还是恍恍惚惚，整个人都在轻微颤抖。晚自习剩下的两节课里我只完成了一篇英语阅读，核对过答案发现全错，我还能扯着嗓子冲同桌嚎叫这低到令人发指的正确率，还能一遍遍地告诉自己我又没有流眼泪我这么顽强。那么也许我只是觉得有点儿难过吧，像指甲盖那么一丁点儿的，虽然伤口开在了心脏上。

分手是一瞬间的事，失恋却是一件没有尽头的事。我唯一庆幸的，便是陈九临从未陪我在这座城市漫过步，所以，怀旧和想念只会存在于我的心脏和大脑，不会有机会睹物思人。

呐，失恋者连睹今物思旧人的机会都没有呢。

预 感 者

预感这种事听起来好像挺玄乎，其实仔细回想，我早就察觉到了不对劲，却自欺欺人不愿承认。

早有前辈说过，心若变了，怎么会不明显？陈九临渐渐地回复得越来越少后来干脆叫我 Do Not Send Anymore 的短信；总是托词父母管得严，即使我坐车到南镇去找他，他也对见面推三阻四；对我越来越没有耐心，我心情不好生闷气他也发现不了，又或许只是置若罔闻……

我一直希望自己可以把任何事情都看得清楚明白，这一次却觉得还不如懵懵懂懂什么都不知道来得好，每一个相处的细节都变成了变心的证物，摊在面前，触目惊心。

我开始总是陷在旧日的记忆里，以至于这种深度的沉沦最终演变为真实的梦境，夜夜在我的脑海里呼啸而过。

真像一条没有眼睑的鱼，明明害怕看见，还要眼睁睁地目睹。

矛 盾 者

关于陈九临那封其实名不正言不顺的分手信，我好几次提笔想写些什么回他，最后因为一团糟的思绪不得不搁下。如果他不愿看信怎么办？如果他看了信不回我怎么办？如果他回我更决绝的话语又该怎么办？！

终归是做多错多不如不做，自取其辱从来不是好玩的事。

当初我告白，拒绝我的是他，第二天又来找我说后悔，说其实是喜欢我的也是他，现在口口声声说我没有做错什么却提了分手的人还是他。难怪他们说男孩子喜欢一个人靠的是感觉，而感觉是会随着时间而流逝的。

我不是圣人，被捅了一刀血流如注，怎么可能还自责是自己皮不够厚肉不够糙血不够多？我觉得我需要十全大补丸需要太太口服液需要驴胶补血颗粒，需要用很多很多的东西来填满空虚的胃，不再因为顾忌陈九临而在意体重，原来我的饭量也可以大得惊人。

都说秀恩爱死得早，我写过太多我们的故事，高调地广而告之，于是这场爱情真的就死了。想过把自己写的那些关于陈九临和过往的手稿统统付之一炬，临动手时忽然醒悟，那些无辜的文字是我许多个日夜的心血，我一个人的而已，与他无关。

我曾以为，我们已在彼此生命中存在了超过三分之一的时光，应该是"山无棱天地合，乃敢与君绝"的坚定才对，其实不然。

哈，我再也不会蠢到用认识的时间长短来衡量感情了。

告 别 者

我辗转拜托陈九临的死党把我在他空间的留言都删掉。

——确定？真的确定了不会后悔？

——嗯，确定，不后悔。反正我以后不会去他空间了。

事实上，我还是又去了陈九临的空间，原来的三百一十五条留言删掉后如今只剩7条。觉得有莫名的喜感，自己当初还真是闲得可以。

删了QQ删了电话删了别人偷拍他发给我的照片，锁上了这一年来写的日记，不想再写亦不会再看。陈九临送的水晶球，我捧在手里上了发条，让它叮叮咚咚唱完最后一曲就永远待在盒子里。在书里夹得干巴巴的玫瑰已经泛了紫黑色，我忍不住就矫情地叹息了一句"这枯萎的爱情"。那只丑了吧唧的绛红色狗熊再也不用因为照顾陈九临的怪异审美观而勉强地摆在床头，折了半罐的幸运星也彻底封存。

没错，我是舍不得扔掉这些过往，包括曾经一封不落保存起来的信件，但是它们应该也不会再有重见天日的机会。

陈九临，请记住，不会长久的感情，以后请不要随便施予。

重 生 者

哪怕是一根误扎进手的小刺，经年之后再拔出来也必是鲜血淋漓的。但是血流总会止住，伤口总会结痂。大概我这么轻易被甩，也只能怨自己自愈能力太强大。

我只记得"一尺之锤，日取其半，万世不竭"是真理，却忘了它的分量是越变越小直到约等于零。

我自己宣扬的爱情互补论，道不同者可以合谋，连我自己都开始不相信，陈九临不会陪我走崎岖山路，我也无法伴他灯下苦读。我没有张爱玲那样的才情，却也曾像她一般热烈地爱过一个人，不愧于心，无悔于情。这就够了。

既然无处可躲，不如傻乐。

既然无处可逃，不如喜悦。

既然没有净土，不如静心。

既然没有如愿，不如释然。

学校开校运会时我偷溜出校，坐了一个小时的公交车去找陈九临。嗯，确切地说，本来是想找的，设想了许多见面时的情境，也许又哭又闹又笑又叫，也许平淡无波点头问好，最后却只是远远地看了他良久，然后因为可劲儿翻腾的胃默然离开。当日无人发现，此后无人知晓。

就算失望，不要绝望

　　这会是我最后一次，硬扛着晕车的破毛病，只为见他。

　　我曾经很喜欢一个人，以为他就是我今后的一生。我喜欢看他认真的样子，喜欢嘲笑他唱歌的声音。那个人姓陈名九临。一切也就是这样了。

　　陈九临，你大概不知道，我还是有点儿感激你的，谢谢你赐予的空欢喜，让我从此决心独自前行。

　　没有你的牵绊，我才好云游四海浪迹天涯。而从此长天阔水，我们后会无期。

把最美好的年华安静地写在纸上

眠 沐

时光追不上白马，你谢白依也追不上白衣少年

趁教官不注意时，我偷偷潜回了寝室，脱下一身臭汗的迷彩服换了件白色衬衫，然后戴上口罩蒙住脸大摇大摆地返回操场。

我站在操场最高的看台上，已经有不少正在军训的高一新生和教官注意到了我。我仗着蒙了脸没有人能认出我叛逆地吹了一声口哨，然后帅气地跳下看台，在教官怒不可遏想要教训我之前逃之夭夭。

我一直都是这样随性，或者被别人称作叛逆。从我决定不想军训起就没有任何人可以阻止我逃出学校，当然我没那么傻会走学校大门然后被保安拦住被一群老师抓个正着。我并不是什么"三好学生"，所以翻墙出校对我来说简直是小菜一碟。

如果说在学校围墙边碰到谢白依的那一瞬间我的心脏停止跳动的话，那么在我还没摘下口罩露脸说话她就认出了我则让我的心脏就像被电击了一样。

"陆津城就算你化成灰我也能认出你！"

谢白依悠闲地坐在围墙下的花坛上，一身迷彩服几乎全是汗渍，很容易想到她是抄近路到围墙这边来拦我的。

谢白依是我妈妈闺密的女儿，从小她就是我身后的跟屁虫，怎么甩都甩不开。

岁月把我们洗礼得足够成熟，也在时刻改变着我们。长大后的谢白依已经出落成一个美好的大姑娘，而我则变得越发地叛逆。

有一段时间我很讨厌谢白依整日黏着我，和她吵过一次架后她果真不再出现在我身边。可是我的心里开始变得很空落，也就是从这时候起我才发现谢白依对我来说有多么重要。

就算在我最叛逆的时期，轻狂如我也再没有赶过谢白依一次，就这么任她在我身边——即使有时候她真的很烦。

我摘下口罩，瞪了她一眼："谢大小姐你这么追我难道不感到累吗？"

没想到她回瞪了我："如果刚开学你就被学校记了处分难道你不感到羞耻吗……"

谢白依的话没说完，我轻车熟路般地一脚踏在花坛的花盆上，然后双手攀上墙顶，撑身一跃就翻上了围墙。

谢白依仍旧不依不饶在墙下大叫，"我追你这么远追得容易吗？"最后气得没办法就捡起泥土往我身上扔，我没闪躲开，洁白的衬衫多了一片显眼的泥渍。

站在围墙上准备跳出校外前，我朝谢白依嗤笑："时光追不上白马，你谢白依也追不上白衣少年。"

陆津城，如果你真是个胆小鬼那么你现在就给我滚出去

翻墙出校的我在谢白依的帮忙掩饰下并没有被老师查获，而军训完后又迎来了一个不短的假期，让我没想到的是我这个假期里见到了我最不想见到的人。

那天在外打了一天的篮球回到家已是傍晚，妈妈已经吃过晚饭在客厅用电脑浏览最近的新闻。见我回家她连头都不抬地对我说："你这

小子又到哪儿野去了？饭菜正热着呢，你赶紧趁热吃了吧！"

我朝妈妈嘻嘻哈哈了几句然后吃完饭洗完澡准备回房间换衣服，走到门口妈妈的一句话差点儿让我撞到了房间的门。

"津城，你弟弟良城回来了，好像就和你读同一所高中。"

我装作什么也没听到进了房间，却不想妈妈在我换衣服时闯了进来，我赶紧跳进被窝只露出脑袋死死盯着妈妈害怕她有下一步动作。

妈妈以为我在沉默，见我没有说话，便试探着问："不如我们抽个时间去看看他吧……"

听罢，我干脆把整个脑袋也埋进了被窝，"妈，要看你自己去看他吧，我想睡觉。"

"津城，你就这么怕见到他吗？"我岂止怕他，我还恨他呢！但我到底没有把这句我最想说的话说出口。

"妈，给你三秒钟时间，马上立刻现在离开我房间！"

第二天我才意识到，妈妈所和我说的"抽个时间去看看他"这句话并不是用来和我商量的。她从床上拉起还没睡醒的我去陪她逛街，我也没多想，直到她把我带到了一家咖啡厅，我看到坐在角落里那个长得和我一模一样的男生时，我忍不住朝妈妈大吼："妈妈，你这是在坑你亲生儿子吗？"

妈妈掩嘴偷笑，"原来我家津城反应这么慢啊，可真是够笨的，等到哪天被坏人卖了可千万别说是我儿子。"

我意识到不妙想要转身逃走却被她紧紧拉着，我吵着要离开，"你再不放手我就喊绑架了！"

妈妈一改往日的嬉皮笑脸，松开了手指着门口，"陆津城如果你真是个胆小鬼那么你就现在给我滚出去！"

车窗外的天空阴沉得像是遮了一块灰色的幕布，有时候天要下雨并不是你不想它就不下的，而有些人也不是你不想见就能够不见的。

我望着灰蒙蒙的天空，长长地呼了一口气。

"妈，好像快下雨了呢，我们坐一会儿就快回家吧。"

就算把他陆良城扔进地狱他也能毫发无损地走回来

  我和陆良城是一对所有人都羡慕的双胞胎兄弟，他曾给予我的温暖是世上再没有过的暖阳。无数个夜晚我都曾被噩梦惊醒，如果还能回到最初美好的样子，该有多好！

  十二岁那年妈妈携一张离婚协议书回家，说我们的爸爸要移居加拿大，去开始更好的生活。

  从那时起，我就开始恨那个男人抛弃了我们，可随之要抛弃我们的是陆良城——他要和那个男人一起远离这个曾经的家。

  他们准备登上飞往加拿大航班的那一天，我把陆良城约在了郊外，趁他不注意时把他锁进了木屋里。

  我打电话给那个我曾经的"爸爸"，"陆良城被我绑架了，你最好乖乖地一个人去加拿大。"

  不知道为什么我的心里隐隐有一种不安感。焦急得快发疯的男人找到了我和妈妈的家，我正假装悠闲地坐在沙发上喝着鲜榨橙汁。

  那个男人扬着的手想要打在我脸上，却始终没有真正落下，或许他是害怕我真的会对陆良城做出什么出格的事情来吧。

  "你尽管可以打我，骂我，但你伤害我和妈妈的，我都会千倍万倍地还给你。"

  我朝那个暴怒的男人冷笑，看着他极力压抑怒火的表情不敢发作，我顿感一阵快意。

  良久，他才冲我吼道："你混蛋！老子生你养你这么多年就是让你来反咬我的吗？！"

  "对，我就是反咬你怎么了？现在陆良城在我手里，我都不确定他是否能够安全地走回家！"

  "哥哥，你这是说谁不能走回家了啊？"从门口传来的镇定且冷漠的声音与我们争吵的声音格格不入，却让我止不住颤抖，手中的杯子脱落掉在地上。

陆良城！是陆良城！

我知道，我就知道，就算把他陆良城扔进地狱他也能毫发无损地走回来！

陆良城的脸上有几处明显的伤痕，衣上也有淤泥，让人不得不联想到他是在绑架中艰难逃出来的。

但我发誓，我根本不可能对陆良城动手，但也不会那么轻易就放了他让他去加拿大。可是，我实在太小看他的心机和城府了。

毕竟当时的我也只不过是一个十二岁的孩子。他冷眼看着吓得一脸惊愕的我，"哥哥，你下手可真狠，把我打了一遍再把我绑木屋里，要不是我找机会逃出来了你会不会真对我下毒手呢……"

我扬起的手想要对他打下，脸上却实实地挨了男人狠狠的一个耳光。

我朝陆良城大吼："陆良城，我从没觉得你这么恶心那是因为我从前瞎了眼！"

十六岁的我依稀记得那天我的爸爸望着我的眼神，用"歹毒"这个词形容也不为过。下班赶回家的妈妈望着我被打的那一幕不知所措。

"如果我的儿子良城真出了什么事，我会让你们知道，陆津城这把戏只不过是一个要不到糖的孩子！"

我原本想用这卑微的方式将陆良城留下，没想到换来的是男人最强烈的怒意。

望着陆良城狡黠的目光，我的心一点点被黑暗吞噬，从前的温暖，似乎离我很远了。

谁都可以对谢白依好，唯独你不行

那个长得和我一模一样的弟弟，最终消失在了我的生活中。以至于隔了四年后我再次见到他，并不似从前像是照镜子那般明了，反倒像是见到了那种很熟悉的陌生人。

高一新生分班,谢白依和陆良城分在了我的隔壁班。在一群人惊讶我和陆良城相貌如此相同的一片唏嘘中,我忍住心中的怒火,笑眯眯地来到隔壁班级,笑眯眯地找到陆良城,笑眯眯地说:"弟弟,别来无恙!"

我和妈妈去见陆良城的那天,我和陆良城看似表现得很友好。但在我"不小心"泼了他一身水后,他也立即"不小心"在我身上留下了一片咖啡渍。当时我差点儿就准备将手中的筷子狠狠地戳向他,但在妈妈的示意下我很礼貌地说了句"没关系"然后摔碗走人。

我堂堂陆津城什么时候受过这气,记得上一个对我泼水的人已经被我打进了医院,所以时隔了四年我同陆良城的梁子算是又结下了。

陆良城也算是谢白依的青梅竹马,每当他们很密切地在一起的时候我除了失落就是像小孩儿没得到糖的不甘暴怒。

学校组织校外实践活动,我们班和隔壁班去看守所做实践调查。看守所里有条德国黑贝,很是耀武扬威地追得一群女生逃窜尖叫,只有谢白依和陆良城一副看好戏的样子躲在校车里。

我看到陆良城与谢白依那样子实在气不过,于是回到学校后我找到他们俩,"你们知道为什么一群女生会被那只狗追得那么狼狈吗?"

他俩竟同时摇头,我咬牙切齿道:"因为她们太善良了,人善被狗欺。"我并不打算放过夺取我友情的人,即使他是我的亲弟弟,我能想到的除了去把自己失去的东西抢回来就别无他法。

那一天,我拿着教室卫生角一根沾满泥水的拖把,追着陆良城满校园跑。

原谅我当时任性和疯狂的举动,我一直坚信,是我的就是我的,不是我的动手也要抢回来。

所以那天我还对陆良城大吼:"谁都可以对谢白依好,唯独你不行!"

其实我恨的从来就不是陆良城，而是他没能和我一起共行的岁月

有那么一段时间，学校里传播得最火的是：陆津城对孪生兄弟下狠手，校园里手持拖把疯狂追杀陆良城，相貌相同性格怎么就差那么多？

妈妈在我的生日那天难得做了一桌子好菜，本来我挺兴高采烈的，在看到陆良城来了后我就黑了脸。

整顿饭间我都闷闷不乐的，三个人谁也没怎么说话。终于我忍不住了搁下碗道："这顿饭我看是吃不下去了，你们谁爱吃谁吃吧！"

妈妈红着眼向我吼道："我不过是想让我们三个人好好聚聚，不过是想好好看看我最爱的两个儿子，不过是想让你们不再反目成仇，我这么做有错吗？"

"妈妈你没有错，错的是他陆良城。如果不是他当年不顾一切贪图更好的生活抛弃我们，我会用得着这么用力地去恨一个人吗？"

我使劲瞪着一直沉默的陆良城，握紧的手指甲深深地嵌在手心里，却一点儿也感受不到疼痛。

"我并不是贪图更好的生活，我只是想到国外受更好一点儿的教育，变得更优秀更强大一点儿……"

"你说得可真好听！难道在国内就不能凑合你这变优秀的狗屁想法吗？还是说根本不配值得你将就？"

"是，我奋不顾身就是不愿意凑合，不愿意将就！我有梦想，我有需要保护的人。"

一时间我竟然哑口无言。

四年前陆良城离开我们是因为想要变得更优秀，同时还想减少妈妈抚养两个孩子的负担。所有的迫不得已都是有苦衷的，而我却那么幼稚地以为陆良城才是那个最应该被我用恨意来报复的那个人。

原来我是这么的自以为是，原来我那么用力去恨的一个人，是最

想爱我的人，原来在四年前我就输给了陆良城。

我突然有一种很强烈的挫败感，很久以前我就自认为无论什么都能比陆良城做得更好，所以想要很用力地留住他保护他，或者在他离开后很用力地去恨他。

又或许，我从来就没有恨过他，只是不甘心自己没能力去留住最亲的人。

饭桌上静默了很久，我慢慢地吐了一口气，心中似乎有什么东西突然释然了，强忍泪意说道："我们都没有做错，我们都只是想用最卑微的方式去保护自己最亲的人，只是心里所想的难以表达。还有，我之前做错了太多事，对不起……"

血缘真是一种奇妙的关系，不论以前做错了什么都能原谅过去的种种。饭桌上陆良城和妈妈偷笑，"良城，听到了没，你哥哥竟然跟我们说对不起，他长这么大以前都不知道'道歉'两字怎么写哩！"

我抬头，很快又恢复了那副轻狂的样子，"你们见好就收啊……"

我和陆良城的关系极速好转，又成了校园里所有人都羡慕的双胞胎兄弟。谢白依曾笑问我："陆津城，你以前不是那么恨你弟弟吗？"

"其实我恨的从来就不是陆良城，而是他没能和我一起共行的岁月。"

谁是谁的白衣少年

校运会上，我一脑热报了五千米长跑项目。虽然我遥遥领先了很多参赛选手，但是我已经跑得上气不接下气了。

趁没人注意时陆良城悄悄替换了我，代我跑完了剩下的赛程，所以很轻松地就赢得了第一。

我在领奖台上风光无限时，看到谢白依的手被陆良城紧紧牵着，羞怯的脸上闪动着几许不安，没有人看到我脸上一瞬间的落寞。

听说谢白依和陆良城在交往了，听说陆良城有一场浪漫的告白，听说谢白依在很久很久以前就喜欢陆良城，听说他们是所有人都要羡慕的青梅竹马，听说他们还有一个惹不起的哥哥陆津城，听说……

全都是听说而已。我变得不敢再去无所顾忌地打扰他们，每个人都有选择幸福或是沉默的权利。

只是很久以后我才意识到，我所有的失落和心痛都是因为谢白依，岁月蹉跎没有把谁变得离不开谁，却将谢白依的影子深深地印在了我的脑海。

我们有时还是在一起聚会，一个是我曾经最好的朋友，一个是我的弟弟，我不会把心中的落寞在他们面前表露出来，我很聪明地与他们隔着一层似无却有的距离。

不去打扰，是我对谢白依最后的温柔，也是我对陆良城亏欠的弥补。

青春如此精彩或荒唐，在我们的青春中谁是谁的白衣少年，谁又把谁最美好的年华安静地写在了纸上？

愿我们安好如昨。

多幸运在最美的年纪

要是我跟你阐明我的心意,要是我们在一起了,我该怎么和你相处?要是最后因为什么原因分手了,变成你和她这样连陌生人都不如,我怎么舍得。你和她现在的种种迹象都像一巴掌,狠狠扇醒了我自己编织的薄如蝉翼的美梦。

我觉得,舍不得这个词用得太恰当了。是啊,我舍不得,所以我觉得我们现在这样也挺好的,既不刻意接近也不故意疏远。相处得相当自然。

谁偷走了我的匆匆那年

煊 泷

兄弟——阿贤、阿铭

"书记"。"老班长"。

他们这么喊我,当然,我总怀疑他们别有深意。

总记得在初三最后那两个月里,我和他们一起快乐的时光。那时,阿贤是我邻桌,阿铭是我后桌;那时,每天都很累却很充实。

他们总是不听物理课,用低低的声音讨论着与车有关的一切。他们画车模与LOGO,聊车型与配件,在听到校门口那条单行道上传来的跑车的引擎声时异口同声地报出车的型号。后来,连我这个白痴也加入了他们,看他们画的兰博基尼,听他们熟练地讲着一连串数据,偶尔也问他们一些在他们看来无比简单幼稚的问题。当然,也没少被他们鄙视。

然而,他们并不是不爱学习的人,相反,他们可以花上一天内三分之二的时间去钻研一道过难的数学压轴题。那时候,数学老师为了给我们减压,扣下了很多他认为不好的试卷与习题。为了做那些好玩而耗时的题目,阿铭潜入了老师的办公室,偷了几张试卷出来。下课了,他就叫上阿贤,叫上我,围在他的桌子边,一边讨论争吵,还要一边提防着数学老师的突然出现。

高一时，邻桌的男生说："你们这些……"他的话还没说完，就被我打断，我接道："愚蠢的地球人。"那个男生哭笑不得，我却一下子怔住。那句话，是阿贤常常用来嘲笑我和阿铭的。

我沉默着，开始怀念那些无比默契的日子。那时，阿铭只要在我身后轻拍我的肩膀我就会很自觉地把我的涂改带递过去；那时，我可以抢走阿贤只写了一半的数学试卷对完答案就揉成一团扔回去；那时，我听着他们计算错误时的怪叫无奈地用笔顶着他们的手肘示意他们继续讨论……

姐妹——玥子、渣渣、小宁

"钟哥"。"煊泷"。

她们这么喊我，还总是一边喊一边笑得花枝乱颤。

总记得那四人同行的日子，就像《小时代》里的四姐妹一样，情深义厚；那时，有他们在旁边我就忘记了一切烦恼。

还记得在体育中考前去体训的那些时光。我们坐在操场边的台阶上，在波波老师的三催四请下才动身去拿做仰卧起坐的垫子。有一回，她们坐在最高一级台阶上，波波站在台阶下的篮球场边。她们终于有机会俯视一百九十二厘米高的波波，却惊异地发现波波其实已经有些谢顶。她们不敢直说，就对着从器材室走出来的我指指点点，示意我看波波。我在栏杆边一看，顿时笑得趴在了栏杆上，惹得波波一脸不解地回头，还连带着用怀疑的目光瞟了她们一眼。

学校上空是直升机训练领域，总是有"嗡嗡"飞过的直升机。有一次体训，那时自称我们爸爸的玥子突然指着天上的飞机说："那是我爸爸！他看我体训太辛苦了，来接我回家的！"渣渣听罢，仰头对着天上大喊："爷爷——捎上我吧——"我装出一副"我不认识她们"的表情走开了一点，大学霸小宁追上来，右手食指在左手掌心划来划去，她说：" 你们好无聊啊。钟哥，今天考试的压轴题你做出来了吗？"

现在，我被保送进了学校的高中部，学校上空还总是有直升机飞过。终于，我忍不住了，掏出手机拍下蓝天中那模型一样小的飞机。我把这幅图发到朋友圈里的时候，说："站在操场中央，听见那直升机飞过的声音，突然就好想拍给你们看。你们肯定还记得的，那年体训时玥子引起的关于爸爸和爷爷的讨论。不过是在那苦闷中找些乐子罢了，斗嘴吵架、嬉戏打闹，却不曾分离过。现在，我们不在一起了，我好想你们，便把那共同的记忆拍了下来……毕竟，那些欢乐，不会有了。"

老师——杰哥、老段

"丫头"。"小姑娘"。以及各种奇葩称谓。

他们这么喊我，温柔似水。

杰哥和老段分别把我从讨厌语文和讨厌化学的深渊里拯救出来，也改变了我小学时对老师的坏印象，所以，我一直把他们当成年长的朋友。

老段作为一个高龄产子的女人，对孩子都非常怜惜。初三开始时的我极其讨厌化学，总是在化学课上画画或者做我爱的数学题，老段从不发火，也不劝说，只是用她的耐心与独特的冷笑话等我认真起来，才一点儿一点儿补给我那些被我遗漏的知识。而杰哥因为看了很多我的作文随笔，所以了解我的性格，也清楚我的烦恼。他在我浮躁任性的时候会责备，在我紧张失落的时候也会安慰。他的那种亲切感，让我直到现在都可以不顾他作为一个忙碌的年级主任，常在深夜将读不懂的古文发给他，然后一边看小说一边等回复。

初三一模之后，他俩来家访，说出了许多我不知道的事情。那天下午放学以后，他们跟着我一路走回家。我沿着学校的围墙一边走，一边不停地拉扯着书包的带子。杰哥走在我旁边，笑问我："丫头你是不是很紧张？"我一个白眼翻了过去，说："当然。"天知道，那是我十四年的生命里第一次家访。老段一如既往地微笑着，而杰哥伸手拧了拧我被头发盖住的耳朵，意味深长地说："你就放心好啦。"

那个晚上，老段说，杰哥在她接手五班的时候就跟她介绍过我，他说我很有个性很有灵气。老段还说，她觉得我是一个特别可爱的女孩儿。而杰哥说："丫头你性格越来越好了，不过你都初三了，就不要那么疯狂地看书了。"他顿了顿，笑意盈盈地问："最近喜欢黑白封面？"我被他惊出一身冷汗——那是我在QQ空间里发出《精神明亮的人》封面时配的一句话。

现在，我不太习惯没有了冷笑话的化学课，也不喜欢那个《孔雀东南飞》讲了三个星期的语文老师，我总是在宿舍冰冷的被窝里睡去，梦里的我回到初中那些温馨的课堂。

那年夏天，蝉鸣声声清脆；
那年夏天，绿叶片片清爽。
忆起那年夏天，我越来越懂得珍惜身边亲爱的他们。

一 页 鹿 城

骆 阳

距学校跨年晚会还有两个月的时候，校霹雳舞社的排练室进来个穿polo衫背单肩皮包的low装男，这low装男叫存子，是个孤僻到没朋友特立独行到形迹可疑的伪文青。

四姐看到后门钻进来个可疑人士，就停下来问："你好，请问找谁？"

存子把包摘下来放在桌子上，说："不找谁，就瞅瞅。"

四姐看这男生单肩包上的时尚的特大号LOGO，觉着不像是来拜师学霹雳舞的，就说："好吧，那你坐。"

其实存子早就坐下了，两条腿紧紧靠在一起。

四姐回到刚刚跳舞的地方，嘴贴陈辛辛耳朵上嘀咕了两句，陈辛辛露出箍着牙套的大板牙奸笑了两声。鬼知道陈辛辛笑什么，反正师范学校男生是稀有动物，管他穿的是polo衫还是镶着水钻的高领毛衣，那都是稀有动物，让人看着就想要流口水。

这是存子闯进人家排练室的第一天，等排练室人走没，没过多长时间存子也就撤了。

第二天，存子又闯进了排练室，当时排练室里放的音乐正高潮，"砰砰砰砰"震得人头发直往起飞。陈辛辛在托马斯，看样子还不太熟练，身下那一块儿地给拖得锃亮。存子就站在后面看了一会儿，没摘下他的皮包，也没坐下来。

倒是过了有五分钟，四姐走过来说："你又来了。"

存子点点头，说："嗯呢。"

四姐问："东北人？"

存子说："嗯呢。"

四姐伸出她的左手，说："我也东北人。"

存子没瞅着四姐的左手伸过来，他说："哦。"

四姐有些尴尬，悻悻地回刚才倒立的地方倒立去了。

这是第二天，练舞的人走没之后，存子十分钟之后也走了。存子喜欢走校外回寝室，他出了东门往北门走，路过小吃街的时候正好碰到陈辛辛在买酸辣粉。存子本想装作啥都没看到的样子走过去，没承想被陈辛辛拽住。

陈辛辛问他："你去哪儿啊？"

存子说："这么晚了还能去哪儿！回寝室呗。"

陈辛辛问："你几号楼？"

存子说："五号。"

陈辛辛张开嘴巴，亮闪闪地说："那正好顺路，咱俩一起走吧。"

一路上，存子总感觉陈辛辛想要说什么，为了避免被问的尴尬，就来个先发制人。存子分别问了陈辛辛的姓名、年龄、家乡、年级、爱好、身高和体重。总结下来，存子了解到陈辛辛是个二十啷当岁、来自锡林郭勒的大二吃货高个子学姐，体重一百一十七斤。

到了五号楼门口，两个人就道别了。回到寝室，存子暗爽起来，不但没被打探到，还得到一个霹雳舞学姐诸多的资料，看来先发制人这招真是歹毒至极。

存子再去排练室的时候，陈辛辛给了他一瓶奶茶。

存子连忙推脱，他想，一个大老爷们儿怎么能要女孩子的东西呢……万一里面下迷魂药了怎么办，不能乱喝陌生人给的饮料这一小时候妈妈的谆谆教导他一直铭记于心。存子说："陈辛辛学姐，这，我真不能要！"

陈辛辛说："这有啥不能要的？快拿着，你也不是白拿，我们今年跨年晚会的节目缺个龙套你客串一下，这下你良心过得去了吧。"

存子一下炸了毛，他说："不行不行，我从小四肢不协调。"

陈辛辛说："你一个龙套，不需要协调。"

存子刚想编个理由说自己以前腿受过伤现在还有个铁板在里面，就被陈辛辛拽到排练室前面。

存子还没站稳，陈辛辛就打开低音炮，说："我要用我的舞蹈打动你这颗破碎的心。"

四姐和其他几个女生站在边上，坏笑一脸。

"叮叮叮哐哐哐"，伴着狂野的音乐，陈辛辛又是拧胳膊，又是抖大腿，甚至连脖子都能拐三个弯。存子站在一边都给吓傻了，这么牛的舞者从前只在电视里见到过，他恨不得现在面前有个灯，"哐叽"一拍，直接给通过！

四姐走过来说："咋样？加入我们？"

存子还是加入了，时不时学点儿啥。虽说是霹雳舞社团，鬼步、爵士和机械舞也有人会点儿皮毛，所以存子也就学了鬼步。鬼步对基础要求不是很高，相对来说简单一点儿。四姐很和蔼地跟存子说："存子啊，简单归简单，节奏还是要跟准的，要不活生生像脑血栓患者半康复时跳广场舞。"

有一回四姐想让存子慢慢学着下叉，存子脸红脖子粗下到一半时，陈辛辛过来把存子拽了起来。陈辛辛说："算了吧，这要下去了估计也就上不来了。"存子感激涕零，头一回觉得牙套学姐有着不容易被察觉的脱俗之美。

大西北的天不知不觉冷了起来，枯叶子一地一地铺，一股子风吹过，路人都能和枯叶一起飞漫天。

存子由一开始的立领polo衫男变成了立领风衣男。他的风衣是纯黑的，粘着密密麻麻的白毛毛，胸前还有一大排工业塑料钻石。存子穿着这身走进排练室的时候，这一票子女生笑翻了。有个女生说，存子，我怎么看不到你的腿。存子僵笑着坐下，从包里掏出一本书低着头翻了起来。

陈辛辛这天没有练舞，跑过来坐到存子边上，不说话，也掏出本书看，时不时偷偷看存子两眼。她想着，这小学弟长得还说得过去嘛，就是穿衣风格诡异了点儿……以后会不会是我男朋友呢？

陈辛辛离开排练室之后，回寝室打好热水就去小吃街买酸辣粉，排了大半天队才买好，正要往回走时碰到存子。她和存子并排往寝室走。

过了会儿，存子吸了吸鼻子，说："多辣多醋。"

陈辛辛瞪大了眼睛问："你咋知道的？"

存子说："闻到的呗。"

陈辛辛说："我天，狗鼻子啊！"

存子说："都来那个了就别吃那么辣的了。"

陈辛辛脸唰地一下子红了，她支支吾吾地说："你咋知道的？"

存子说："走路姿势奇怪，加上刚刚在排练室你没动弹。"

陈辛辛低着头走，心里有一点儿暖暖的。

走没多会儿，存子就快到寝室了，他说："把酸辣粉给我吧，我帮你吃了。"

陈辛辛这雷打不变的万年吃货竟然乖乖把酸辣粉交到存子手上，她还说："那就，那就你帮我吃了吧。"说完之后，陈辛辛赶紧走掉了，走路姿势的确很奇怪。

第二天存子去排练室的时候，陈辛辛跟他说，明天下午霹雳舞社团全体成员要去娜琳步行街跟科技大学那帮只会叫嚣的loser斗舞。她还说存子也必须去，负责拿衣服拿包拿热水壶。存子问陈辛辛去不去，陈辛辛点点头，眼睛里满是杀气，意思是当然啊，少了本小姐能行吗！

存子说："可是你……能行吗？"

陈辛辛说："不行也得行，没有不行的道理。"

第二天，两队人马从青山区大学城压着马路气势汹汹地往娜琳步行街走，这两个舞团的人虽然分属两个学校，但只隔了一条马路，明明可以在其中一个学校斗，却要舍近求远去那么远那么挤的步行街斗。存子想，果然跳舞的人都喜欢哗众取宠。

但事实不是存子想的那样，一开始科技大学的人让四姐带着她的人去科技大学。四姐不乐意，叉着腰说你们为啥不去我们学校。科技大学的说，那你要这样说咱就找个人多的地方，看到时候输了臊不死你。四姐撇了撇嘴说，去就去，谁怕谁啊！

正因如此，两方人马都出奇卖力，所以这一次斗舞相当精彩，就连来步行街购物的老大妈都提着大包小包在一边站着津津有味地看。

四姐拿出了看家本领，还翻了两个跟头，直接打倒了对手。

四周的观众不停地鼓掌，清脆的"啪啪"声不绝于耳。四姐她就是能耐，其实师范学校这边早就有了舞蹈社团，而且有段历史了，但四姐看不惯那个说话翘兰花指的社长就出来另立了个山头。叫霹雳舞社团也是不得已，社团里的舞种实际上杂七杂八，不过是以霹雳舞为主罢了。

轮到陈辛辛了，她想着要乘胜追击，所以也准备拿出抢眼的本事。跳完一段很正统的霹雳，掌声并不是很多，她想着是时候来托马斯了。她下了身子在地上旋转，像个超大号的陀螺，随着燥热的音乐节奏眼花缭乱的，四下的掌声震耳欲聋。

存子却不知道中了什么邪，不看节目，也不鼓掌，一直望着对面科技大学的啦啦队，好像在找着啥。

陈辛辛这边跳正唱，不知道谁往场子中间踢了个啤酒瓶盖子，陈辛辛一巴掌按了上去。只听一声尖叫，陈辛辛右手握着左手手腕不动弹了。

四周的看客有的喊赶紧送小姑娘去医院，有的扭头走了。霹雳舞社团的人手忙脚乱把陈辛辛扶起来，存子也收回一直落在科技大学那儿的目光冲上前去。到了医院，医生说陈辛辛手腕伤得很严重，伤筋动骨一百天，不好利索就先别跳舞了。陈辛辛把其他人哄走之后，当着四姐和存子的面抽泣起来。

　　是的，陈辛辛等学校跨年晚会等了一年。陈辛辛大一的时候有个男朋友，那哥们儿有一天跟她提分手，陈辛辛问为啥，那哥们儿说不喜欢跳霹雳舞的女生。陈辛辛因为男朋友这句话，一段时间没跳舞，正好错过跨年晚会。直到转过年春天的时候，陈辛辛男友身边出现了个又白又美的女孩子。陈辛辛跑到川菜馆要了份水煮鱼边吃边哭，她想，拉倒吧，啥不喜欢跳舞的女生啊，不就嫌我颜值低吗。吃完水煮鱼，她看了看一桌子吸满眼泪鼻涕的卫生纸，骂自己一句笨蛋，就删了男友的手机号和微信。其实后来很长一段时间，陈辛辛都得了失恋后遗症久久不能治愈，她好几次把那哥们儿的微信加回来又删，也无数次在那哥们儿寝室大门口堵着就为看他一眼。直到有一天，那哥们儿当着那女孩子的面，把陈辛辛骂了，骂她是个只会抖胳膊甩腿的丑货，她才彻底放下，重新好好跳舞。

　　四姐跟存子说完这些的时候，存子立了立风衣领子，没有说话。其实他早就知道了，陈辛辛是个好学姐，是个好姑娘，也是个好舞者。

　　陈辛辛受伤以来，存子每天晚上替她买酸辣粉，三勺辣椒三勺半醋，有时候他还在街上直接尝两口。跑腿就是跑腿，钱还得照收，存子实在是需要钱，要不前几天怎么会骗陈辛辛的酸辣粉吃。存子想，幸好我口味和陈辛辛口味一样重，三勺红通通的辣椒油，一般人闻闻味就死了。

　　存子还纠结着一件事，他想着到底要不要把自己的那点儿破事也说给陈辛辛听。直到一天，存子参加晚间活动没去帮陈辛辛买酸辣粉，他在小吃街看到自食其力买酸辣粉的陈辛辛，存子走上前去，跟陈辛辛打招呼。

　　陈辛辛脖子挂着胳膊，转过头，冲存子笑了笑说："我现在不是特殊时期，可以吃辣啦！"

存子一手帮陈辛辛拿着酸辣粉，一手放在陈辛辛的小蛮腰上说："走，咱俩往东走，散散步。"

存子讲了他的故事。

他高二开始，暗恋隔壁班一女生，直到高考结束才表白。女生倒是一句伤人的话也没说，但总归还是拒绝了。这段感情终于是要结束了，存子当时想。后来，谁也没想到，他和女生到了同一个城市念大学，而且就只隔了一条马路。存子也是想多了，他觉得这是老天都在帮自己追女生，中国那么大能在一个遥远的城市再度相遇，简直就是让人无法视而不见的缘分。大学开学没多久，存子就约了女生见面，并且言语中句句透露着他的不死之心。女生可能是看存子有点儿死缠烂打的意思，就加重了言语的伤人指数。女生一连串儿问了几个问题：你有钱吗？你是富二代吗？你是高富帅吗？你能买起玫瑰金iPhone6s Plus吗？存子自动屏蔽掉高帅这俩硬性条件，直接说，好的，你等着。然后存子就到处找兼职赚钱，校外的兼职都要先交好几百块订金，只有校内的兼职可以直接上岗，所以他就去了校勤工部门找了这么一个晚自习后打扫卫生的兼职。一开始他磨不开面子，就在四姐的苦苦追问下说自己是正在写关于舞蹈团体的小说缺素材才来排练室观摩学习。

往东边走，人越来越少，路灯没精打采，风也越来越大，还有丝丝小雨飘着。可陈辛辛一点儿也没觉得难熬。她问："那后来呢？"

存子从包里掏出玫瑰金iphone6splus说："后来我就拿着它去找她了，就在前天。她狠狠地瞥了我一眼连个屁都没放就走了，把我晾在那儿。我在她学校门口站了一个小时，冻得像条狗，后来实在受不了就去串儿店喝酒。一边喝一边觉得自己冤，高中那段不提，就这上了大学之后，不但每天下了自习要打扫卫生，回寝室还要从校外走就为了看一眼她们学校大门，好像看够了几百次她们学校大门她就是我的了一样。你说也怪，那天我越喝越清醒，酒喝到位了，我好像一下子就明白了，这段没有结果的感情中我好像觉得自己冤的时候更多。你说我是不是更喜欢自己？"

时间过得很快，大学其实还真的比高中轻松，一天睡几觉吃两顿饭看两集韩剧就混混沌沌地过去了。大学时光是被老天垂青无忧无虑白驹飞过的紧缩版日子。

校跨年晚会，校霹雳舞社团登台。闪光灯四射，光怪陆离的电子音乐震得人细胞分裂，活力十足的社员们各显神通，帅爆全场。最后，存子在一圈舞者中跳魔鬼的步伐，一步两步，一步两步……引得场下妹子连连尖叫。这次演出，他身着深灰色施普帽衫，浅蓝李维斯牛仔裤，发型是那种超短的板寸，跟杀马特再也挂不上钩。

表演结束，存子走下舞台，陈辛辛笑着迎接他。

"累吗？"陈辛辛问。

"不累。"存子答。

"帅吗？"存子问。

"帅。"陈辛辛答。

存子牵起陈辛辛的手，走出剧院。外边下雪了，一片一片镀着银，亮亮闪闪，细风一吹，在干净的空气里打着旋，好看极了。

陈辛辛说："走，去买酸辣粉。"

存子说："买啥酸辣粉！走，去川菜馆！吃毛血旺，吃水煮鱼，吃干锅虾子……那破手机终于卖出去了，现在我有钱了！"

春风十里不如你

鹿 眠

阳光轻拥树梢入怀，云淡风轻。

我坐在教室里紧皱着眉头，一来是写了一半的小说突然没了思路，二来是教学楼下的空地上人声鼎沸，嘈杂声不绝于耳。

"肖艺！"

林洛欢呼雀跃地闯入教室，一步三蹦地来到我座位旁，拉起我就往外跑，我甩开她，略带不爽地问："怎么了？"

"下面社团招新成员呢。我找到个特别适合你的职位！"她手舞足蹈地跟我解释完后，不由分说地抓着我往人堆里挤。挤到一张挂着各色剧照的桌子边停了下来，她喘着粗气，声音里是掩饰不住的兴奋，林洛冲坐在正中的男生一挑眉，继而把我往前推了推，像是找到了沉在海底两万里的宝藏似的大声喊叫："就是她，就是她！我刚刚跟你们说的那个很会写小说的女生就是她！"

我愣了愣，中间那男生有些不好意思，笑着告诉了我原因——

原来是林洛这臭丫头进了这个什么社团，社团还需要个编故事的人，于是她就把我像献宝一样献了出来。我正想着该如何婉言拒绝，旁边坐着的另一个男生突然冒出句话来，"你叫肖艺是吧？我在杂志上看过你写的小说，很不错，也符合我们戏剧社的风格，能不能考虑加入我们？"

我站着,他坐着,我稍微一低头就能把他的样子收入眼底。他会笑的眼睛,他挺拔的鼻梁,他咧着嘴笑而露出的一口皓齿……他在舞台上那只轻摇折扇修长好看的手。

我微微点了点头,算是同意。

林洛见我同意了,一把搂住我,对我说尽好话,旁边的人见状掩嘴偷笑。一片嘈杂声中,我还是听清了那个声音,像是带着熹微的晨光,泥土的芬芳般的声音。

他说:"欢迎你加入我们。"

他说:"我叫陆言。"

那天招新生的学长学姐们都是高二生。陆言也不例外。

戏剧社招三种人,一是天生丽质的男神女神,负责上台和门面担当,例如陆言;二是管理各种事务的高层精英,负责宣传、活动策划、社团表演安排,例如林洛;三就是编剧,说白了,也就是写稿的,例如我。但新生里大多数文学爱好者都挤进了隔壁的文学社,戏剧社中加起来也只有三人干这差事。一个学姐高二文科重点班,几乎没动过笔;一个同级男生整天钻研金庸古龙,写出来的故事大多不切实际,没法排练。

毫无疑问,大大小小的编剧工作便落在了我的头上。好在平时闲来没事就去泡图书馆,因此对各种主题的剧本要求应付起来也没大问题。再加上林洛是我的铁杆粉丝,整日给社里的成员讲我发表过的小说故事,由此导致社里成员平时见了我脸上都挂着一种崇敬之情,拱手称一声"肖姐"。

陆言虽说是副社长,但高二生总比我们高一的学业重些,没什么重要活动很少往社里跑,几日不来,见全社上下都尊称我"肖姐",也就免不了过来调侃两句。

"肖艺呀,再这样下去我副社长的位置得让给你啦!"

我迎上他笑得如同弯月般的眸子,"让大伙都叫你陆爷,不就显得比我的称呼霸气多了吗？"

他听罢脸色一变，单手扶额，有些哭笑不得，"我有那么老吗？"

他含着笑，笑容弥漫在空气中，整个社团的房间似乎都因为这个笑而活了过来，连我手上写了一半的讨人厌的剧本都变得无比温柔可爱。

我这个被戏称为"用一支中性笔撑起了全社半边天"的女子，免不了待在社里的时间长些，偶尔会带些作业到社里，忙完稿子直接把作业一摊，省去了来去教室的工夫儿。

喜欢布置课外作业的老师不多，偏偏物理老师不在其中。

我擅长的科目不少，偏偏物理不在其中。

于是几乎每天下午社团的成员们都会看到一奇女子伏在桌上表情狰狞地拿着笔使劲戳物理活页练。

一个烦闷的下午忙完社团需要的"雷锋日记"主题剧本后，我从背包里狠狠甩出一本物理练习，一边在心里默默诅咒物理老师出门就掉钱，一边愤愤地翻到课外作业，视死如归地开始与物理死磕。

也不知过了多久，算到最后一道大题，明明解题方法正确，可不知为什么答案却像跟我捉迷藏似的，任凭我急得抓耳挠腮，也不肯被我算出来。

坏情绪蜂拥而至，也不管三七二十一，我抓起练习就往桌的对面一扔，大吼一句："老娘不写了！"

四周鸦雀无声，我冷静下来，一声低笑传入耳中。

我惊吓地回过头去，陆言就站在门口离我不远处，穿着件淡青色的格子衫，衬着白皙的脸格外好看，手里还捧着本书，估计是刚从图书馆借书过来的。他笑着，整个人纯净得像童话作者笔下的小精灵。

如果不是刚刚发火一幕被他看到，我一定会微笑侧目欣赏他的眉眼，和他调侃几句。可如今我羞愧地赶紧转身背对他，火辣辣的感觉一直从脸烧到耳根。我低着头不去看他，他倒是显得很平静，把书放在一边，一伸手勾到被我甩出老远的物理练习，仔细端详起来。

我坐在椅子上，像个表演失败的可怜小丑，紧张地等待惩罚。

他看了好一会儿，突然扑哧一声笑出来，把练习往我面前一摊，手指指着一行解答，话语间带着笑意："喂，你数学不会真的是体育老师教的吧，0.5×0.78都会算错？"

我局促着不知该如何接话，他已经把草稿和纸放到我面前，"那再算一遍吧，解题思路是对的。"

我修改了错误的演算，小心翼翼地重新算一遍。几分钟后，终于守得云开见月明，答案被我郑重地写在练习册上。我长吁一口气，这时才得以打量起身边不远处的格子衫少年。

他靠在桌子边，捧着那本他刚从图书馆借出来的书，专心致志地阅读。夕阳的余晖越过落地窗趴在他身上，淡青色的格子衫和棱角分明的侧脸都像镀上了一层金边。他一动不动，整个人像是定格了一样，又像是一幅专门摆在那里的美好画卷。

林洛一脸兴奋跑过来时，我正聚精会神地坐在位置上看李碧华的《青蛇》，她一屁股在我前面的空位坐下来，"唰"的一声没收了我的课外书。她眼睛闪闪发亮，脑袋往我这边凑了凑，压抑着兴奋小声地对我说："肖艺！告诉你呀，楚书晗喜欢我们篮球校队的队长！"我白了她一眼，不苟言笑一把抢回《青蛇》。

楚书晗是我们戏剧社的头号美女，身材好不说，脸长得酷似刘诗诗，穿上古装后，一颦一笑都是一首诗一幅画。这小美妞拜倒在篮球队长的牛仔裤下早已人尽皆知。

林洛见我不感兴趣，又把魔爪伸过来，盖着小说不让我看，"你让我说完话啊！看点在后头！"她越说越兴奋，"重点是我们社里还有一个男生喜欢楚楚，她又往前凑一点儿，单相思一条龙哎，你小说的绝佳素材。"

我一把推开林洛的魔爪，继续把自己沉入《青蛇》的世界里。

林洛见状气急败坏地冲我乱喊："我诅咒你喜欢上那个男的！然后你就加入他们单相思的阵营！"

我当时不以为然，只是有时候老天编的剧本实在超出我这个写故事的人的想象。

林洛和我都没有想到她的诅咒灵验了。

喜欢上楚书晗的人，是陆言。

喜欢上陆言的人，是我。

从那以后，我像跌入了一个魔洞，无论何时何地都能看见陆言和楚书晗。

有时候是陆言给楚书晗买了份早餐送到她的教室，有时候是陆言跟在楚书晗后面帮她提各种各样的包或是很重的东西，有时候楚书晗说一声口渴，陆言便屁颠屁颠地绕过大半个操场去小卖部买瓶水又屁颠儿屁颠儿地跑回来……

我亲爱的少年，在我这里赢得彻彻底底，却在喜欢的人面前输得一败涂地，溃不成军。

窗外的蝉鸣急躁而响亮，像是特地给翻箱倒柜的我配的背景音乐。

我的物理书不见了。

面对着课桌的一片狼藉，我才后知后觉地记起物理书是落在社团里了。

趁午饭时间，我一个人匆匆往社团赶。

当我闯进社团，发现教室大的房间里除我以外居然还有个男生，他呆坐在大桌子旁，一手托腮一手烦闷地转着笔，眼神和思绪飘在空中，不知会落在何处。他整个人像陶瓷做得一般温润可人，只有手腕处有一条水性笔画出的痕迹，还带着点儿人间烟火的味道。

陆言，我在心里默念他的名字。

我轻咳一声，他一愣，笔"啪"的一声掉在桌上，他扭头笑笑算是打招呼。他没有过多的动作，仿佛用力一动，眼里的失落和难过便会像海啸一样扑过来，把整个房间都浸透。

我默默找出落下的物理书抱在怀里，轻手轻脚准备离开。刚走到一半陆言突然叫住我："肖艺你写过悲剧吗？"我"啊"了一声，不知该如何作答才能令他满意。他像是自言自语，又像是故意说给我听，"要是我文笔有你那么好，我一定只写喜剧结局的故事，我要让所有人和他们喜欢的人在一起，生活那么难过了干吗还要去折磨故事里的人？"

我听后笑笑，走到他身旁。他没有抬头，我无法得以知道他的表情，只是他好闻的洗发水的味道萦绕在鼻腔四周，他面前的白纸上写着几个漂亮的大字：

春风十里不如你。

光阴的引路灯总是不知不觉地把我们带入下一个路口。

原本高一的我们升入高二，昨天还是高二的学长学姐们从毕业了的前辈手中接过了高三的旗帜。

高一的新生还在好奇地打量新学校和抱怨军训的迷彩服时，我们社团毫无意外地接到了学校开学典礼的表演通知。

与往年不同的是，今年的表演主题可以自拟，也就是说，题材不限。

一听到这个消息全社团炸开了锅，叽叽喳喳地讨论起来。

林洛那个八卦女提议的才子佳人的故事得到了全社上下五十多号人的赞同。敲定下来以后，所有社员激动得像打了鸡血一样。

当然，所有人投向我的目光也充满了期待。

开始写这个剧本前，我脑子里都是那天陆言对我说的话。

"我要让所有人跟他们喜欢的人在一起。"

"生活那么难过了干吗还要去折磨故事里的人？"

……

我深呼一口气，提笔。

进京赶考的公子，与桃林间捧着半束桃花的女子一见钟情。公子进京赶考，金榜题名，衣锦还乡。经过重重阻挠迎娶桃林相遇的女子。女子不喜官场险恶，公子为她归田隐居，二人住在深山桃林间，春风拂面，落英缤纷，却不及半壕繁花间女子明媚的笑靥。

我指定男主穿胜雪的白衣，因为陆言穿白衣最为脱俗。

我指定女主穿薄荷色的纱裙，因为楚书晗穿薄荷色的纱裙最为动人。

或许是因为第一次可以那么光明正大地表演这类"才子佳人"的故事，明明是很狗血的剧本所有人却都赞不绝口。拿到剧本后，连平时最恨被逼跑腿的林洛都八百里加急地跑到市里的文化馆去租演出服。

当然，男女主角毫无悬念地落在陆言和楚书晗身上。

第一次彩排。

我坐在观众席上，看舞台上的二人配合默契，硬是把我赶时间写出来的毫无质量的狗血剧情演绎得生动感人。或许是因为面对自己喜欢的人，陆言好几次都忘了台词，楚书晗在一旁急得直跺脚，陆言不好意思地挠挠头，歪着脑袋冥思苦想。一旦想得时间长些，楚书晗就会跑过来，扯着陆言的衣服，打几下他的手臂。陆言夸张地嗷嗷直叫，一边躲闪一边大叫"女侠饶命"……

我看着眼前这一幕幕，情不自禁地扑哧一声笑出来。

感情，有时候就是一个淘气的小孩儿，非要把人捉弄得团团转。有人陷进来了，看着近在咫尺却远在天涯的人郁郁寡欢，有人用尽力气追逐，最后却弄得遍体鳞伤。

喜欢不一定非要得到，我们都还年轻，你根本不知道以后会是怎样的未来。不打扰，是最好的温柔。放下，也是最理智的成全。

陆言啊，这是我唯一能为你做的事。

伴随着楚书晗大喊的"从头再来一遍",一个社员手拿着剧本跑过来,递上一支笔,"肖姐,给咱这剧起个名字呗!"

我提起笔,眼神却不自觉地看向舞台。

这就是刚开始的那一幕。

白衣胜雪的公子手持折扇进入桃林,步伐稳健,衣袂楚楚,脸上挂着浅笑,眉宇间落满星辰。

我低下头,握紧笔。一笔一画在最上方的位置写下:春风十里不如你。

如果我不一样

二笨

昨晚一个学妹给我打了个电话，这只见过一次面的妹子在电话里哭得泣不成声。

我不知道还能找谁说去……

我真的要坚持不下去了……

姐，我想换寝室……

"什么情况？"

从妹子逻辑颠倒断断续续的哭诉里，我大概整理了一个中心，那就是——与室友脾气秉性生活习惯差距太大，根本对付不到一起去。我哑然。本来准备好的那句"忍忍就过去了"哽在喉咙怎么也吐不出来。

没错。在这个问题上，我是过来人，却着实没什么发言权。

有句话叫，女生寝室，头发比人多，问题比头发多。似乎总是这样，一向以温柔可人著称的女孩子们性格往往也倔强得很，同一屋檐下排斥起人来毫不手软。在高中毕业之前，寝室几人大多都生活在同一片小区域，生活习性鲜有不同。可一到大学，四海八方凑在一起，那些不同的方面立刻泾渭分明起来。我不吃辣，你偏爱酸；我一条牛仔裤就能过四季，你三天不逛街就坐立不安。我初来乍到的时候，曾因不喜欢喝热水这一点就被室友群起而攻之批判过。你看，这就是差距！

哦，我忘了说，我们寝室一共四个人。两个广西，一个安徽，外加我一个黑龙江的糙汉子。本来四个人就算少的了，其中一个妹子还常年不在寝室，于是剩下我们三个一起玩，一天两天还好，一个学期下来问题就愈加明显了——那两个妹子……是标准的韩粉……而我……是个向来跟不上潮流的土包子。

这可就要了老命咯！

两个妹子的清晨皆是从一串动感的韩文歌曲开始的。洗脸刷牙吃早餐，几乎一刻不停地讨论着某某女团闪亮出道，某某欧巴又出绯闻。从红日初升，到夜幕西沉，乃至晚上各自滚上了床，都常会突然蹦出"××你看，那个谁谁又接新戏啦"。这欢乐的气氛不好打破，悲催的我只能咬着指头安静地听，配合着摆出一副"啊，我也很感兴趣"的表情，实则脑子里毫无概念；或者默默拉高自己的被子捂住耳朵，祈祷两位能在十二点之前安静下来。

不是没有想过彻底融入其中，也试图和她们追一样的剧，听一样的歌，她俩穿着不知何时买的同款的衣服手拉手逛街，我在后面亦步亦趋地跟着，可我大概就是没长那根审美神经。原谅我硬着头皮看了三四集还是分不清剧里人物谁是谁，明明上一个镜头还出现过的人物下一秒换件衣服我就不认识了。至于天团们，嗯，人都好看，真好看，但是这个团和那个团，这个人和那个人，长得有差别吗？

周末，我六点半起床匆匆洗把脸去上班，晚上赶着末班车回来。在拥挤的公交上人群一晃一晃，某个瞬间偶然瞥见前边一个妹子手里提着的名牌护肤品，突然觉得崩溃。你看，也许我辛苦一天，说得嗓子都哑了，挣的钱还不抵人家手中的一瓶乳液。人生已经如此艰难了，我何苦要继续为难自己？

Mers（一种新型的冠状病毒）事件的爆发让我对韩国的印象跌至冰点，一连数月讨好式的交往关系也让我心力交瘁。索性破罐破摔，我不再眼巴巴地跟在她们后面小心翼翼地做可怜虫，不喜欢，说出来啊。逛街啊，对不起，我不想再坐在门外一连等你们几小时给你们做苦力了。看热舞啊，对不起，我对那些大白腿并不感兴趣……这样，多出来的时间我可以去图书馆看喜欢的书,去做兼职,去学拉二胡,去参加"汉服同袍"的联谊。

孤单是不是很可怕?一个人吃饭,一个人看书,一个人打工,一个人回家,形单影只。是。但是比孤单更可怕的是,跟一群与你三观相去甚远,也并不想把你当朋友的"朋友"在一起。她们消耗着你的好意和生命,她们有话扎堆说,你挤过去问你们在说什么,她们就相视一笑,没什么,然后并肩走开。

说到底,寝室是随机分的,和睦为偶然,不和为常态。人还是要有自己的圈子。

所以,亲爱的,能不能有一次,让自己也在交朋友这件事情上做个选择题,而不是你就是那个等着被人选的ABCD?

藏在岁月深处的时光

随 风

"陈美嘉,你红了,你知道吗?"闺密的声音从电话那头传来,有片刻的失真。

陈美嘉一手拿着电话,一手按照闺密的指示在电脑上敲了敲,就看到了微博上那条跟她有关的"热搜"。那是一封藏在课桌抽屉夹缝中的情书,连背景都是陈美嘉熟悉的教室,她在那个位置坐了三年。信的开头是"美嘉",落款儿是"管冉"。

很多人转发时都说,好多美好的感情,没有说出口就错过了,但正是这种错过,才会让青涩发酵成回忆。

陈美嘉的手顿了顿,眼前浮现的是那个叫作管冉的少年清晰的眉眼。以为忘记了,但是突然提起时,旧时的画卷便一一摊开,历历在目,仿若昨日。

他是唯一会告诉她"吃太多东西会导致恩格尔系数上升进而导致国民生活水平下降"的人。

后来陈美嘉也遇到过很多人,有情商低的说,"吃太多会长胖。"也有情商高的说,"吃货都很萌。"却再也没有人会用那么认真严肃的口吻将她爱吃东西的问题上升到国民生活水平的高度了。

那时候的陈美嘉还是一个懦弱却倔强的陈美嘉,永远处理不好过大的压力,只能靠吃吃吃来掩饰所有的情绪,但是面对管冉,她却能够毫不客气地反驳："毒舌也会让国民的整体素质下降的。"

学校的水吧永远都有不想去上课的同学，每次陈美嘉点许多高热量的小蛋糕时总是能够引起不少人的侧目，而这种侧目也在她一个人将所有的糕点、饮料都喝掉时达到了峰值。娇小身材与大胃王的反差，简直不能更萌了。

但是很多人都只会在背后跟自己的朋友调侃，而不是像管冉一样，站在陈美嘉身边点餐时，就直白地表达出自己的意思。

陈美嘉认识管冉。大概在每个学校，都有一个主角光环加身的风云人物，长得好、学习好、体育好，身边还有一大票朋友。管冉就是这样的人。

管冉没有恼她的咄咄逼人，脸上依旧挂着大大的笑容，突然凑近陈美嘉，看着她的眼睛说："你是不是有什么难过的事情？你可以跟我说说，这样就不用吃太多的东西了。"

那时候陈美嘉愤愤地想，有的人总是喜欢自诩看破了别人的心思而一脸得意扬扬，最可怕的是，他的确是看破了，才会让人显得格外心虚。

那个想要与众不同的杀马特

后来管冉告诉陈美嘉，第一次见面时他说的话，是他早就设计好的台词，就是为了让她以后难以忘记。为了让自己的特点突出，就跟追求特立独行的杀马特一样操碎了心。管冉注意她很久了，一个在盛夏也坚持要穿长袖长裤的姑娘，一个不顾所有人的目光喜欢大吃大喝的姑娘。他想，想要让陈美嘉注意到自己，也一定要与众不同才可以。

也是到了后来，陈美嘉才发现，管冉也没有那么讨人厌，他没有很多尖子生身上的高高在上的气质，似乎很少会有烦心事，永远笑容灿烂。也许人就是向光的生物，看到阳光的时候，就算是浑身是刺的陈美嘉，也会忍不住想要靠近。

尽管她还是有那么多的毛病，甚至连一个完全可以套公式的立体几何题都算不出来，也还是会有一个叫管冉的人包容着她，耐心地给她分析透彻。她不喜欢坐在教室里，管冉就常常占了水吧的一个小角落跟她一起自习。

只要有愿意包容的人，哪怕那些毛病都矫情得要命，也是一种美好的情怀了。你看，阳光顺着浅蓝色的玻璃照进来的时候，能够照进管冉的笑窝里，让人莫名地觉得时光静好，愿意倾尽所有去交换。

陈美嘉一有压力就喜欢吃东西的毛病在逐渐改正。她知道自己是一个怯懦的人，遇到什么问题首先想到的就是逃避，但是管冉身上仿佛有治愈一切的力量，让她焦虑的心情安定下来。

没有人说过喜欢，或许跟喜欢无关，只是喜欢这种互相扶持的感觉。

临近高考的时候，管冉突然问她："美嘉，你想去什么城市？"

陈美嘉茫然地摇头，她从来没有考虑过这些问题。

管冉踌躇满志地握着她的手说："我们去北京吧，那里有一流的大学，有最好的资源……"

还有最好的人，一切都是最好的样子。

陈美嘉点点头。也不知道是不是那天的晚霞格外红，在她的脸上染上了一层自然的胭脂色。最好的约定，大概就是明明什么都不用说，也能心照不宣；最好的青春，大概就是不用其他染料，也能形成国色。

回到自己的教室时，陈美嘉在抽屉的夹层里找到了一封信，就是管冉给她写的，字迹大气而整齐，她一个字一个字看过去。最后结尾时，他说，希望我们可以上同一所学校，希望我未来的风景里都有你。

没有风声，陈美嘉却闻到了鲜花的馥郁芬芳。她抓起信去找管冉，她想说，哪怕她现在的成绩不够好，也会努力冲刺，努力跟他考上同一所学校。

陈美嘉看到他在跟一群朋友嬉闹，"阿冉，你会喜欢胖妞吗？"

管冉沉吟了一番之后说："不喜欢，缺憾太明显，我只是一个凡人，也是外貌协会的。"

陈美嘉长得小巧可人，从来不用担心别人说她不好看，但是听到管冉的话，她的心却一寸寸地凉了下来。

她也只是一个有缺憾的凡人

陈美嘉喜欢穿长袖，不是因为她有多么酷——在一次皮肤肿瘤切除手术中，她发现自己有疤痕体质，代替肿瘤位置的，是一块丑陋的伤疤——当然，在外人面前，她就会一脸笑容地表示穿长袖是一种情怀。

曾经她也尝试过在别人注意到她胳膊上的伤疤时装作满不在乎地解释来历，但是收到那些同情中带着嫌恶的眼神之后，她就选择将它隐藏起来。但是无论她怎么隐藏，伤疤都在那里，像是住在心底的凶兽，告诉陈美嘉，她总是跟别人不一样。

陈美嘉跟管冉吐过很多槽，却始终没有说过她的疤痕体质，而以后，也没有了说的必要。因为，与其带着缺憾被人嫌弃，不如早一步就在完美的形象中收场。

陈美嘉变得不爱去水吧了，管冉问她："美嘉，不需要我给你补课了吗？"

陈美嘉说："你也要好好复习，我就不耽误你的时间了，放心吧，我也会努力的。"

管冉欲言又止，想要问她有没有看那封信，却又不想贸然说出来影响她现在的学习进度。如果她能看到，那才叫作真正的缘分吧。

所以到最后，他还是没有问。

高考成绩出来，管冉正常发挥，陈美嘉的成绩也震惊了许多人。管冉兴高采烈地来找她，"美嘉，我们可以去同一所高校了！"

陈美嘉只是神秘地笑笑，却不说话。管冉想了想，觉得陈美嘉大概是没有看见那封信，不过只要结果是一样的，那封信看不看都没有关系。

只是录取结果出来的时候，一个北上，一个南下。管冉再来找陈美嘉的时候，却发现她已经去海南旅行了。

想要断开联系是一件很简单的事情，跨越了半个中国，QQ、微信再便利，只要你愿意，也能杳无音讯。

我们都太着急，没有等到变好的人

"美嘉，你在听吗？要不要我跟大家爆料你啊！"闺密在电话那头嚷嚷着，突然让陈美嘉回过神来。

她呆了一下，正好室友回来，看到正在通话的陈美嘉，脸上露出了一个调侃的笑容，"美嘉，你男朋友在楼下等着了，果然是传说中的五好男朋友啊。"

陈美嘉朝室友点点头，然后对闺密说："别说出去了，那些都是过去的事情了，他们太无聊才会翻出来看。"她往窗外望去，戴着眼镜的男生也看到了她，朝她挥了挥手。

他跟管冉一点儿都不一样，是一个工科男，长相普通，有一点儿木讷，笑起来呆呆的，但是对她很好，包容她的小脾气，知道她的疤痕体质时会告诉她，"没关系，再丑也丑不过我。"

他这么说的时候，陈美嘉一巴掌拍过去，难道身为男朋友，他不是应该表示"你一点儿都不丑"的吗？可是巴掌快要拍在他的身上时，却变成了轻轻的一下。

她不再会像以前那样那么在乎别人的眼神了，她也找到了一个敢跟她"比丑"的男生，他会珍惜她，包括她的缺憾。

其实陈美嘉参加过一次高中同学聚会。管冉将他的女朋友也带来了，长得挺胖。女生们都起哄，说男神什么时候换了口味了，早知道的话她们就近水楼台先得月了。

管冉笑了笑，没有说话，一直将那个姑娘保护得很好。

在太年轻的时候，人们总是会被外表束缚，自己的、别人的，但是总会有一天，就算是外貌协会会长也会变得宽容与睿智。挺遗憾的，在错的时间里遇到了一个对的人，因为太着急了，没有等到变好的人，最后不得不走向陌路。

　　陈美嘉也想过，如果她告诉管冉其实她有疤痕体质，会是什么样的结局。但是维持现状也挺好的，就像那封被人以为她从来没有看过的情书，就像每个人都在逐渐成熟。

时光与你都是最好的故事

左 夏

说来旁人都不理解，我很喜欢TFBOYS，尤其是王源。他们说我这么知性理智的人怎么也追星，甚至追的是00后的小孩子？我笑而不语，终究我时至今日的喜好还是无法全然与你脱离关系。

为什么喜欢王源？因为他像极了当年的你，七年前的你，十四岁那年的你。眉眼干净的少年，笑起来眼里藏着星星，单纯善良孩子气，就跟我第一次见到你的时候一个样子。

那时候的生活很简单，家与学校两点一线，还能容许我波澜不惊地喜欢一个人。那时候的时光很慢很慢，整日里思来想去都是你的影子。方程式解不出来的时候就在草稿本上一遍一遍地写你的名字，直到下课铃响才如梦初醒。中学六年，零零散散全是与你有关的小事。

初一，第一次喜欢一个人，日记里全是患得患失、变化莫测的小心情。终于，在喜欢上你的第一百零九天，我揣着情书跑到你后面，轻点你的肩膀，说了声"给你"，将信放在你的掌心后便逃也似的跑远，把夕阳和你都丢在身后，拉出一道长长的影子，烙在十四岁那年的操场跑道。

然而这样的莽勇，却并没有得到预想中的任何回应。

不了了之，一切平静。

初三那年你开始有自己喜欢的女生，坐在我的座位往窗外望去，刚好可以看到对面教室的你笑着揉乱她的长发，仿佛可以听到你温柔地对她说"傻瓜，这么简单的题都不会"。

我偷偷去了解过那个人，是和我截然不同的女生，安静内敛，温柔如水。

我开始努力改变自己，想变成你喜欢的那个样子。学着习惯穿裙子，学着像她那样笑不露齿，学着处事安静从容、波澜不惊……

然而全部以失败告终，我终究还是大大咧咧天塌下来都能自己顶着的女汉子。中考在即，你却被提前保送市重点高中，我要奋起直追才能拥有和你有关的以后。

皇天不负有心人。

高一同班，你成了我的同桌。你说："嗨，你也是二中来的？"我呆呆地回了一句"嗯"。你笑得灿烂无比，大概已经全然忘记我就是曾经给你递过情书的那个小女生。时光荏苒，我已经从一米五五长到一米六一，短发也早已蓄成马尾，你忘记了很正常。所以，借铅笔、借橡皮、借笔记、问作业、争论数理化题目、"我睡一会儿老师来了记得叫我" "放学要不要一起去吃个鸡蛋饼"……所有同桌间会发生的故事都在我们之间再自然不过地发生，而我也仔细藏好那份年少的心思，不再轻易显山露水，不愿让你发觉。

高二我申请了一个新的QQ号，只加了你一个人，装作一个来自远方的姑娘，和你聊聊起伏不定的心事。给你讲作文，教你写作，以陌生人的身份分享你的快乐，分担你的忧愁。偶尔也聊聊各自喜欢的人。我说我等了他五年，都没有等到任何回复。你跟我说，找一个喜欢自己的人，好好在一起吧。

然后隔天回到课室，你又会充满新奇地告诉我，昨天那个网友跟你说她喜欢了一个男生五年，而且男生从来不知道，你说怎么可能？

粗线条如你，从来不曾怀疑这些故事的主角是自己。

日子就这样在我的侧耳倾听、笑而不语中流逝。转眼高三，书如山高。做不完的《五年高考三年模拟》，满桌的薛金星与王后雄，全封闭备考的学校，连手机都被没收。迫在眼前的高考就这样把我们淹没，那些无处安放的小情愫也随之被我收进内心最深处。慢慢长成一股强大的信念，要和你去同一个城市上大学，要在高考后告诉你一个完整的故事。

可是没等得及高考完，你便和梁静在一起了。你并不知道梁静曾是我最好的朋友，梁静却知道我喜欢了六年的那个男生就是你。我站在食堂门口，回过头刚好看到你们往回走，纯白的情侣装，她坐上了你的自行车后座，笑靥如花。

终究是无疾而终的故事。最后你和梁静去了省府，我一个人去了一座旅游城市，山水如画的小城，适合我安逸懒散的性子。

风筝飞远了还拽着线不放的话手心会疼，不如就这样放手吧。

我并不是一个很有毅力的人，但我花了六年的时间认真地喜欢你。亲爱的十九号少年，即使回忆并不繁盛，时光与你，仍是我最好的故事。

多幸运在最美的年纪

朱瑞琴

喜欢是不知不觉的

上语文课，由于班里的多媒体坏了，学校迟迟没找人来修，只能去隔壁班借用他们的多媒体上课。

而隔壁班座位的布局不一样，导致有些人必须男女同座。

你和我都坐在最后一排，很巧，我们那一排刚好是独立的一排，我们都没有同桌。

本来我最喜欢的语文课，应该认真听讲的，但是由于换个环境上课，还真是有点儿不习惯。

你坐在我前面，书都没翻开，只是双眼无神地看着课本。但是老师在写板书的时候，你像是突然惊醒一般，你望了望四周，除却那些不想读书的人正在睡觉外，其他人都在抄老师的板书。

你也动笔写着，忽然一个转头，嘿，××前面写的是什么？

就像小说里写的那样，我心跳竟然漏了半拍。我把抄得字迹并不怎么样的板书递给你看，在心里祈祷你快点儿看完，别发现我越来越红的脸。

我开始反思自己，奇怪，我喜欢的人是W啊，课本上几乎都写满了

W的名字,可是,为什么刚才会有心动的感觉?难道我很花心?

回到宿舍,把闺密拉到一边,低声跟她讲了一遍经过。

她听后竟然大笑起来,"我以前就说你喜欢他,你还不信,现在终于开窍了吧?"

我急忙捂住她的嘴。呃,以前……

我明明有一个男神,但是跟他不熟,在QQ和微信上聊过几句,现实中的他比我高两级,教室不在同一栋楼,要见一面挺难。

他要去他的教室必须从我所在教室楼后经过,趴在窗前就能远远地看上几眼。

可是你呢,我明明觉得我喜欢的是我男神,为什么却从不跟太多人讲我男神,而总是在朋友们面前念叨你的名字?

以前也有朋友在我一天之内念叨你n次名字之后感到不满,半开玩笑地问我是不是喜欢你,我随即一愣,而后又大笑,"怎么可能,我有男神的,只不过觉得他太搞笑,忍不住想跟你们分享他的搞笑事件而已。"

……

现在想来,也许我只是把男神当成一个高高在上的信仰?而我真正喜欢的,是你。难怪我想要写一篇文字给男神,却不知从何下笔,可能不熟不了解他也是原因之一吧。而想要写一写你,手中的笔像是迫不及待般,一个又一个字流畅地流出汇成一篇篇关于你的故事,你说,这才是喜欢的人与男神的区别吧?

原来喜欢是在心里悄然生长的种子,一旦遇到合适的时机或者喜欢的那个人做了什么牵动你的心的事,便会如春雨般,滋润那颗叫喜欢的种子,让它慢慢发芽。

如果早知今日,我一定对你一见钟情

第一次见到你,是在九月一日,我能说开学第一天就注意到你吗？

其实这不算是真正的注意，但我还是想要写，记录下关于我们的小片段。

还记得那天班主任一念到你名字我就笑吗？我在这里郑重发誓，我真的不是故意的。那是因为，在开学前一天我闺密把我拉到一个人迹罕至的角落，神秘兮兮地说："我跟你讲啊，我一个朋友说她前男友就在你班里，叫什么××，你记得帮我看看那个人帅不帅啊。我朋友跟我说他很帅很帅的，成绩还很好呢。"

于是乎，那天老师点名的时候，我正在四处张望长得比较帅的同学，坦白说，我当时以为你就是那个男生，但老师念到你名字的时候我就笑了，原来你不是啊，你是班里最帅的哎，那闺密，所说的那个男生肯定不怎样。

这是我第一次注意到你，没想到第二次注意你，时间居然跨过半年。

原因嘛，还是和你自来熟的性子与幽默搞笑的语言有关。

那天上英语课，英语老师是班主任，但是她管得也不太严。她在讲台上讲得唾沫横飞，你优哉游哉地跟你后桌聊天，时不时还忍不住发出低低的笑声。

班主任一边讲一边斜着眼睛盯着你，你没有注意，任班主任在那挤眉弄眼。她终于忍无可忍了，"你给我站起来，你说，我刚才讲什么了？"

只见你不紧不慢地站起来，十分镇定地回答："您刚才当然是在讲英语了，这还用问啊，有谁见过上英语课不讲一句英语的啊？"

班主任瞪着你，"好，放学后来办公室背2d的对话内容。"

你哀号："老师，我连读都不会啊，要不让我抄吧。"

班主任面无表情，"不会读没关系，来办公室我教你读，你就读到会背为止，背完才可以回家。"

而后每次英语需要背诵的地方班主任像是针对你一样，每次都叫你背。后来她又觉得你总爱和后桌说话，就把你调到我前面来了。

坐在你后面会死的……

是笑死的

不得不承认，我真的很庆幸我在二班，因为……二班的人都很二，每天都笑声不断。

特别是……你。

自从你坐到我前面，我几乎每天都和同桌哈哈大笑以至于忘了形象为何物，经常就我们那组笑声不断，笑到肚子痛拍课桌恨不得到地上滚一圈是常有的事，我就经常笑得喘不过气。

不分场合。你能想象一个号称我们年级的千年冰块脸正在严肃地上课，周围静得只听到他毫无温度的声音和很多人睡觉时微微的打鼾声，而我们这一组有四个人手捂鼻子，憋着笑，肩膀和桌子一抖一抖的样子吗？

没错，这只是因为你同桌放臭气弹了。而你最先闻到，夸张的表情令人忍俊不禁。

更传奇的是，某天上政治课，你不知道是和第二组还是第一组的人说话。说着居然用政治书遮住自己的脸，表情夸张一副笑得快喘不过气的样子，笑着笑着，你觉得不对劲了，转过来问我，你看看我是不是流鼻血了？

我一看，妈呀，两条血柱正以迅雷不及掩耳之势喷出来。我惊恐地盯着你，你以最快的速度抽了一张你常年放在书包里的纸巾，把纸巾弄成一个卷儿塞进鼻孔。血总算不往外流了。

而我在这时，看着你两个鼻孔像感冒流鼻涕一样被卷成卷儿的纸巾塞着还朝我和同桌做了个鬼脸，那样子真的似小丑般好笑，我竟不知不觉笑了出来，差点儿被老师发现。

鉴于天天坐在你后面，每天都会笑得前仰后合，所以我就没必要把搞笑事一件件都写出来了。

总有一个人是舍不得在一起的

你的前桌不偏不倚刚好是你的前女友。而我跟她也有几年的交情。

她总是喜欢转过身子跟我讲话，而你坐在她后面，她跟我讲话的时候脸正对着你的脸。每当这时你脸上会闪过一丝尴尬和不耐烦然后把脸别过去或是拿本书挡住自己的脸。

有一次正在上课，她笔芯没油了，转过身来跟我借笔。粗心大意的我忘记了她是你现在一见就很尴尬的前女友，头脑一热竟然让你帮忙把笔递给她。

没想到你立刻就像被人戳到了痛处一样，你把我递给你的笔芯狠狠摔在我的课桌上。你生气了，"够了！你不知道我们现在连陌生人都不如吗！你平时和她讲话也就算了，现在居然还想让我帮你们传东西！以后不许这样！"

我诧异地看着你，心里滑过些许奇怪的情绪。

在接下来的一节课里，我几乎没怎么听课，总是在胡思乱想。

前几天在刷动态的时候看到别人发的说说：总有一些异性，舍不得拿来做恋人，却也舍不得拱手让他人。

要是我跟你阐明我的心意，要是我们在一起了，我该怎么和你相处？要是最后因为什么原因分手了，变成你和她这样连陌生人都不如，我怎么舍得。你和她现在的种种迹象都像一巴掌，狠狠扇醒了我自己编织的薄如蝉翼的美梦。

我觉得，舍不得这个词用得太恰当了。是啊，我舍不得，所以我觉得我们现在这样也挺好的，既不刻意接近也不故意疏远。相处得相当自然。

后　记

我知道，你是太阳，而我注定属于黑夜，我们，永远不会有交集。

我知道，你只是把我当普通同学，只不过是因为座位的关系，才和我多说了那么几句话。

我知道，这一切的一切都是我一厢情愿。

我知道，留给我们的时间，只剩一年多了，我常常幻想，如果时间走得慢一点儿就好了。只是，没有如果，我们终将毕业，各自天涯。

所以啊，我想现在还来得及，记录下关于你的点点滴滴。

即使知道我们的结局，我也不会后悔与你相遇过。因为这个过程你带给我的快乐，足矣。在这个最好的年纪，遇到你，多幸运。

那，就这样吧，我亲爱的少年。

我的英雄

"臭小子……有空儿就回来呗……老爸给你做好吃的。"电话那头传来爽朗的笑声。他们各自都有那么多的缺点,他们都在互相嫌弃对方。但此刻,彬彬却无比希望他们一直就这样相互嫌弃着对方。

小时候,每次有人说彬彬长得越来越像他老爸时,彬彬总是觉得很委屈,认为他们才没有多大关系。现在才知道,他们的关系,可大着呢。

因为他是彬彬的肩膀,是彬彬一辈子的英雄。

我 的 英 雄

阿 狸

还在念幼儿园的张彬彬无论是在学校还是在大院里都不怎么引人注意。其中一个很重要的原因是他长得比较丑,扎堆大院一堆天真活泼可爱基本靠卖萌为生的小屁孩儿里特别不显眼。

第二个原因是他不仅长得丑,反应也比别人慢半拍。邻居林阿姨派糖果,别的小孩儿蜂拥而至把糖果一抢而空,只有他站在门槛边儿上觉得不好意思。头几次一颗糖都吃不着,红着眼眶回家生闷气。后来林阿姨家人见人爱的安娜注意到这个脸红得像大苹果一样的小男孩儿,每次都会留几颗给他,彬彬才破涕为笑。

但在某个风和日丽的下午彬彬成功地名扬天下。

那天傍晚梁胖子约上彬彬还有安娜一块玩过家家游戏,彬彬跑去捡树枝,当安娜蹲下来捏小人的时候,梁胖子突然使坏掀起了她的裙子。幼儿园的老师教育过女生不能让男生掀自己的裙子,于是下一秒,花容失色的安娜开启尖叫模式,林阿姨和大人们纷纷赶来,安娜还没来得及控诉,胖子已经勇敢地站出来说:"林阿姨,张彬彬刚才掀了她的裙子。"

刚捡完树枝回来的彬彬吓得下巴都快掉下来了。

更不巧的是,爸爸刚好下班从正门进来,目睹了后半场意外。

爸爸生气地把公文包一甩,神色凝重地走进屋里,然后满腔怒火地吼:"张彬彬你给我进来!"

"别忘了把你手上的树枝也拿进来!"

当屋内开打的时候,窗外的大人们纷纷拍着门喊:"别打了!别打了!"张彬彬边哭边否认,"不是我干的。"爸爸听后更生气了,"你这臭小子还不认错!还敢哭?"

张彬彬家有一条不成文的规矩,被打的时候不能哭,哭得越厉害就打得越狠。张彬彬红着眼眶不敢再哭。

几根粗粗的树枝被打断后,门才打开,林阿姨第一个冲进去抱着彬彬心疼地说:"刚才安娜说是小胖掀了她的裙子,小胖说了谎,彬彬是个好孩子,你干吗打那么狠啊?"

张彬彬终于敢放声大哭了。

爸爸二话没说,揣着钱就去喝酒了。那件事给张彬彬留下的心理阴影面积无法计算,以至于在很长的一段时间内他恨透了爸爸。

后来安娜经常来找彬彬玩,还给他很多很多的糖果试图安慰他受伤的心灵。两个人的革命友谊慢慢建立起来。

张彬彬念三年级的时候,学校小卖部里风靡一种叫金丝猴的方便面。包装以金色为主,上面印着一只挺帅气的卡通版孙悟空,每包都会附送一张TVB剧《齐天大圣孙悟空》的贴纸,五毛钱一包,但这对每天只有五毛零花钱的张彬彬来说有点儿贵。

有一天张彬彬发现了安娜的集贴纸册,上面贴着寥寥几张《齐天大圣孙悟空》的贴纸,安娜手舞足蹈地说只要把贴纸集满了就能兑换好看的自动削笔机了,可是妈妈不让她吃这类零食,所以她根本集不满。说这话时,安娜脸上有隐约的失落。

两个月后是安娜的生日,张彬彬想送她生日礼物。她之前提到的自动削笔机文具店里最便宜都卖好几十块钱,唯一能达成心愿的方法只有集贴纸换大奖了。从那以后,依然站在门槛边儿上觉得不好意思的彬彬开始鼓起勇气向小卖部阿姨要了一本集贴纸册。他放弃了心爱的辣条和冰棍,把零花钱都拿去买方便面。好几十个人物,总有运气不好的时候抽到同一个人物的贴纸。四肢提前发育的梁胖子也开始整天买方便面帮忙收集贴纸,那段时间小卖部阿姨欣慰地说"金丝猴"的销量前所未有的好。

安娜的生日越来越近,彬彬急得像热锅上的蚂蚁。张卫健饰演的孙悟空贴纸老是抽不中。在她生日那天,张彬彬还是没有集齐。小卖部阿姨摸了摸他的头,说集不完也没关系啊,已经很棒了呢。然后竟然送了他一支自动铅笔。张彬彬只能很不好意思地把铅笔送给安娜,他局促地说:"有了自动铅笔,就不需要削笔机了,这样帅多啦!"

那天晚上安娜很高兴地请彬彬吃了很大一块蛋糕,彬彬十点才回家。一进门,爸爸就指着挂钟训斥他:"十点才回来,你小子明天还要不要上课?"彬彬赶紧刷牙洗脸上床睡觉,还小声地抱怨了一句:"这么凶,真不知道我是不是他亲生的。"

五年级漫长的暑假,张彬彬在家没事儿干,除了吃喝拉撒睡,其他时间都泡在网上,小小年纪不知道电脑要定时杀毒,在病毒横扫网络的2008年他毫无意外地让电脑感染了一堆病毒,导致无法开机。这可快把彬彬吓死了,爸爸很多公务都得下班后用电脑完成,电脑要是坏了就什么都干不了了。

那天傍晚彬彬自以为很机智地躲到安娜家,爸爸在家里怒吼的声音穿过N堵墙到达张彬彬的耳膜。当爸爸伟岸的身躯出现在彬彬面前,他真是吓了个半死,彬彬很清楚接下来会发生什么。

梁小胖在一旁偷着乐,但安娜并没有眼睁睁地看着彬彬被带走。

安娜先把张爸爸拉到沙发上,然后倒了一杯水给他:"叔叔,班主任搞了一个暑期奥数培训班,就是为了我们能更好地应对小升初考试。但班主任家离咱这儿比较远,你能不能让彬彬一块报名,我俩上下学也有个照应?"

爸爸比较关心小升初考试,尤其彬彬的成绩一直在年级中等徘徊,听到尖子生安娜的话他立马答应了,还笑着摸了摸她的头:"那得请你在学习上多多指教他了!这几天就让彬彬多往你这儿跑跑,你先给他热热身，免得到时候跟不上。"

为了感谢安娜，张彬彬用他新买的单车每天接送安娜上下学。

张彬彬勉勉强强地和安娜考上了同一所中学。学习的事他不怎么上心，倒是喜欢跟新认识的同学到处乱逛——第一次去网吧、第一次翘课、第一次被班主任列为问题学生……彬彬心里有不安，有恐惧，但往往是来不及反省就被新的诱惑控制着身不由己地跟着别人跑了。

初二那年国庆节，彬彬瞒着爸爸坐着同桌的单车出去玩，在一个坑坑洼洼的地方，单车重心不稳把他甩了出去，彬彬来不及跳车，膝盖着地擦了好远一段距离，血肉模糊。

天色不早了，同桌简单地帮他处理伤口后便送他上了公交车。下车后，彬彬翻遍口袋只找到五毛钱，他一瘸一拐地走到小卖部给爸爸打电话："你快来接我吧……"不知道是不是因为傍晚天气转凉，他的声音微微颤抖。

很快爸爸赶到，看到窝窝囊囊的彬彬后小声骂了句："你这小兔崽子怎么搞的？"彬彬一脸别扭地坐在车的后座上。几公里的路硬是觉得很漫长，爸爸一路上破天荒地没有骂他，倒是不断地问："还痛不痛？"

到家后，爸爸翻箱倒柜把过氧化氢云南白药棉签都找了出来，小心翼翼地帮他处理伤口。那是爸爸第一次为他处理伤口，手忙脚乱地忙了一个晚上才搞定。

第二天彬彬很早地醒来，听见厨房里有动静，一瘸一瘸地蹦去看，爸爸正穿着Hello Kitty的围裙在厨房里熬鸡粥。

那一天，张彬彬的叛逆期结束了。

张彬彬开始认认真真地拿起课本好好学习，为了给自己营造一个良好的学习环境还钻去安娜家，安娜倒是挺乐意的。成绩虽然没有噌噌地上升，但也有了起色。这反而把爸爸吓得不轻，摔了个腿怎么转性了？

初二上学期期末彬彬考了三等奖，班主任让他上了一回光荣榜，光荣榜里有一项是获奖感言,彬彬花了一节语文课去准备,脑海里闪过很多名人名言,最后还是认认真真地写道:"我爸爸说过,不管做什么事,尽力就好。"

那句获奖感言在一堆名人名言里特别不起眼,就像小时候特别不起眼的张彬彬一样。但张彬彬心里却无比满足,每次路过都觉得那句话特别帅。

中考,张彬彬升上了在市里很有名的校本部,但大院议论的焦点并不是他,而是以全市前十的优异成绩考上了校本部的安娜。林阿姨对大家的盛赞不以为意,摆摆手说:"这孩子也就成绩和干家务活过得去,自己都不懂照顾自己,连单车都不会骑,老是得麻烦彬彬。"

自从五年级坐着彬彬的单车去上补习班开始,安娜一直坐在他的单车后座上晃晃悠悠了好些年。有些说不清道不明的情愫也随着时日一起疯长。

高一那年张彬彬的爸妈离婚了,妈妈说受够了爸爸的坏脾气。彬彬心里从没有过的慌乱,小时候被爸爸追着打都是妈妈护着他,生命里那么多个镜头都有她,而如今离婚就像把他最心爱的玩具抢走一样。

从那以后,彬彬和爸爸的关系又回到原点,彬彬不愿意和爸爸多说话,有什么事只抱着电话和妈妈聊。爸爸感受到彬彬的冷漠,没有刻意和彬彬搞好关系,只是天凉时提醒他多穿衣,感冒时提醒他多喝水。两个本应亲密无间的人的关系变成了一根绷得紧紧的弦。

高二那年,爸爸单位裁员,大家都忙着给领导送礼,只有爸爸无动于衷,毫无意外地他下岗了。一夜间爸爸像老了许多,脾气也暴躁了许多。

那天张彬彬正在洗澡,房间里的手机铃声响起,老爸好奇地凑上去看,锁屏壁纸是安娜的照片,他一下子就火了。彬彬刚好进来,爸爸破口大骂:"小小年纪不好好念书居然暗恋女生,你是不是不想混了!"

彬彬一把夺过手机,满眼通红地朝他吼:"连自己的感情生活都过不好，你没资格管我！我妈就是被你这破脾气赶走的！"说完摔门而去。

那天晚上彬彬跑去了梁小胖家，而老爸坐在沙发上抽了一整夜的烟。

最后彬彬还是回家了，以一种倔强而冷漠的态度，一进门就把自己锁在房间里，除了几句问候外几乎不说话。

在那个敏感的年纪里，安娜选择了装作不知道整件事，依然每天坐着彬彬的单车上下学。

高三的时候老爸找到了工作，给附近的一所大学宿舍送桶装水。彬彬的学习变得越来越忙，他学习的动力从没有如此的大，他迫不及待想要离开这里。

高考过后，彬彬的成绩还算过得去，一个人悄无声息地去了北方念书。报到那天他拒绝了老爸陪他一起去的要求，一个人收拾好行李坐上火车疾驰而去。

他终于如愿地把所有过往都留在了那片土地，包括那段懵懵懂懂的喜欢，包括那个没有温度的家；也终于如愿地得到了新鲜的一切——崭新的柏油路，高高耸立的大楼，就连空气都与南方那个破旧的小城镇完全不同。

但不知道为什么，他大口大口地呼吸着这儿的空气时却有一些说不出来的难过。

再也闻不到学校门口旁车轮饼浓浓的香芋味，闻不到高三课室里那种黏稠的汗味，闻不到安娜身上好闻的沐浴露味，还有，闻不到高三时老爸为他煲的汤的香味……

接下来的军训、社团活动和与想象中完全不一样的大学生活让张彬彬忙得焦头烂额，他经常骑着单车在教学楼、图书馆、社团办公室和宿舍楼之间来回地跑动，这些乱糟糟的念头不经意间都被抛在了脑后。

他与老爸的联系很少，聊天内容都是生活费没了，让老爸打钱到银行卡。彬彬也想多说些什么，但一句简单的"身体怎么样了"都开不了口。往往都是老爸的一句"没什么事儿就先挂了吧，长途话费贵着呢"结束尴尬的对话。

十月份彬彬偶尔在朋友圈领到了话剧《英雄二十四小时》的入场券，对话剧有着极大兴趣的他坐了很久的公车去看。话剧讲的是一群年轻人在寻找中国的英雄，故事冗长，累了一天的彬彬几次几乎睡着。

接近两个小时的话剧即将结束，七个主演分别畅谈各自心中的英雄，其中有三个人心中的英雄不是杨利伟、不是雷锋，而是老爸、妈妈和姐姐。男一号还分享了他的故事：小时候成绩差，学校把他的照片贴在告示栏与优等生并列，但不同的是照片下面有一行小字写着："该生不思进取，成绩一塌糊涂。"小男孩儿回家后哭着告诉妈妈，妈妈饭都没煮就赶去学校把照片撕个粉碎，然后她擦干小男孩儿的眼泪，摸摸他的头说："别哭，学习再差我们也得吃饭，也得开心地活着。"

彬彬的眼眶毫无准备地湿了，生命中某些零散的镜头瞬间变得无比清晰起来。

梁小胖在彬彬生日的时候告诉他，小学收集贴纸那会儿小胖吃的方便面都是张爸爸给的钱，张爸爸交代小胖只负责吃，然后把卡片给彬彬。

初三摔伤后坐老爸的摩托车回家的时候，明明他长得比老爸稍微高大一点儿，但老爸还是把背挺得贼直替他挡风。

高二那年父母离婚，妈妈也有责任，她经常沉迷麻将局，赌得天昏地暗，爸爸才和她吵。彬彬心里比谁都清楚，但就是不愿意责怪妈妈。

高三的时候，老爸工作很忙，但还是坚持每天给彬彬熬汤，彬彬不回家他就亲自把汤送去饭堂，看着彬彬喝个精光后才心满意足地离开……

仔细想想，彬彬的生命里头，又何尝不是每一个镜头都有他。

这么多年来，他是一个负责任的好老爸，而彬彬觉得自己从没当过一个合格的儿子。

记得初三有一堂课老师问大家：如果有台时光机，你最想回到什么时候？

大家把手举得老高踊跃发言：想回到妈妈肚子里光吃光睡的时光，想回到幼儿园天天疯玩的时光，想回到暑假打游戏都忘了自己姓什么的时光……

彬彬想了很久，发现自己最想回到小时候，回到那个每天晚上吃完饭后，老爸执意要带他坐摩托车兜风的时候。彬彬坐在他的前面，小身板直直地挺着，小手紧紧地握住他粗壮的手臂，听着他爽朗的笑声，风从耳边呼啸而过，闭上眼也不会有丝毫的恐惧。

因为彬彬知道，在他的身后，是这辈子最温暖的怀抱。

"喂，老爸。睡了没？"彬彬坐在末班车上局促不安地打电话。

"大半夜的不睡觉打什么电话？有啥事不能明天说？"

"没……我只是……突然好想喝你煲的汤。"

"臭小子……有空儿就回来呗……老爸给你做好吃的。"电话那头传来爽朗的笑声。他们各自都有那么多的缺点，他们都在互相嫌弃对方。但此刻，彬彬却无比希望他们一直就这样相互嫌弃着对方。

小时候，每次有人说彬彬长得越来越像他老爸时，彬彬总是觉得很委屈，认为他们才没有多大关系。现在才知道，他们的关系，可大着呢。

因为他是彬彬的肩膀，是彬彬一辈子的英雄。

当我正想亲吻你
的时候，你说你要变神仙

小太爷

我奶，一个东北老太太。

我奶的一生用一句话来概括就是：生命不息战斗不止。像什么"世界以痛吻我我要回报以歌"这种事情是压根儿不可能在我奶身上发生的。她的做事风格是：以眼还眼，以牙还牙，世界千方百计想看我倒下，我就偏偏要扇它一个耳光。

我爷我奶关系并不是很好，也可以说是很不好。我爷跑到青岛待了许多年，直到我奶去世也没回来。我奶呢，则是因为常年的争吵患上了神经衰弱以及严重的失眠。她后半生和烟为伴，最初是因为抽烟会醉，能多睡一会儿，后来就是因为单纯的戒不掉。

所有抽烟的女人里，我最喜欢的就是我奶。

家庭生活的不幸和沉重的生活压力没让我奶低头，也没有磨掉我奶的棱角。我奶一直都是强硬而幽默地生存着。这两个词听着简单，说起来容易，做起来却难。

勇敢接受生活兜头淋下的大雨，这是我奶一生都在坚持做的事情。时光如路曲折漫长，她走弯了脊背，走白了头发，却一直没忘记要不沾泥带水地、果断决绝地活着。

"玩的是梁园月，饮的是东京酒，赏的是洛阳花，攀的是章台柳。我也会围棋、会蹴鞠、会打围、会插科、会歌舞、会吹弹、会咽作、会吟诗、会双陆。你便是落了我牙、歪了我嘴、瘸了我腿、折了我手，天赐与我这几般歹徒症候。"

尚兀自不肯休。

我一直不觉得幽默这词是完全等同于有趣的，相反，现在想想我奶的幽默，往往都是带着些难过的。从现实的苦海里淘漉出的三分自嘲七分不甘，最后才是这一句的贫嘴调侃。

我记忆里的我奶一直都是一个骂人很溜的老太太，我觉得如果要举行花式骂人锦标赛，我跟我奶组团肯定就能拔得头筹。但其实老太太也有很多经典的话，有些现在想来仍然有理。

"热泪烫眼"是在我奶去世好久之后我妈转述给我的。初听没什么想法，但真的压力大到想要痛哭一场的时候，却发现这句话比任何的安慰都来得有用。

热泪烫眼。

不知道我奶年轻的时候曾经有过多少个无眠的夜晚，她坐在窗口抽烟，想落泪却忽然想到——热泪烫眼。

越长大便是越觉得，幽默的人不一定都是快乐的，每天说着不高兴的愁眉苦脸的人，也不见得个个都是真的有天大的事情压在心上。

我奶大概已经变成神仙了吧，就像戴荃唱的《老神仙》一样，长远流浪在心间，跟我说还会再见。

而我想亲吻你的时候，你说你要变神仙。

亲情血缘有的时候是很神奇的，它能在无形中影响你的判断，决定你的喜好，左右你的人生。我敬仰撒切尔，喜欢伊迪丝，却一直没发现，她们也是那样坚强勇敢的女性，就像是那个在我人生最初陪伴我走了长长一段的我奶,都从不曾认输。

　　我也要努力。

　　奶奶,我会过得很好的,你放心。

爸爸的礼物

愈 之

新家装修的时候我在外地上学，某一天，爸爸打电话问我："你喜欢什么样的书柜？我给你弄一个来！"我告诉他我想要一个高至天花板的带门木质书柜，如果能占一面墙更好。爸爸听完，一口答应。

可是，当我回家看见那个心心念念的书柜时，脸色顿时变了：书柜顶部距离天花板还有十来厘米，格子之间间隔那么大，放了书以后显得特别扭。我家书房由三面墙和一面落地窗组成，书柜所在的地方是面积最小的墙壁，而且并没有占满所有的空间。

与其说它是书柜，不如说那是壁橱。

"好看吗？"还没等我回答，爸爸便说道，"这是我买木板亲手做的哟！"他的语气很欢快，带着一种"你快表扬我一下吧"的渴望。可他的女儿心直口快，一口气说完了书柜的所有缺点，最后加了一句，"倒是应该能放下所有的书。"

爸爸被最后一句话逗乐了，他不希望我再把书放在地上。

可是你知道的，有的女孩儿喜欢买衣服，买到家里的衣柜被填满了还继续买，有的女孩儿喜欢买化妆品和护肤品，瓶瓶罐罐堆满了一个柜子也不罢休，我是那种无论家里有多少本书没拆封，都会再把新书买回家的人。久而久之，书柜被塞得满满当当。

"再买一个书柜吧？"我对爸爸说。他想了一会儿，"到时候再说。"

我对这句话再熟悉不过了，小时候问他能不能带我去公园，他说到时候再说；长大后问能不能跟我去旅游，他说到时候再说。这些"到时候"的承诺十有八九属于无限延期的项目。

你不给我买，我自己买！我心里嘀咕道，我也真的打开了某家具公司的官网看起书柜来，那是一家不错的公司，最便宜的书柜也要三千块，盘算着写多少稿子才能买一个书柜的我根本没注意到爸爸走到了我身边，他指着电脑屏幕问我："看书柜？"得到我肯定的回答后，他默然离开。

我买书柜的钱还没有凑够，一天爸爸突然告诉我，他要给我买一个带玻璃门的实木大书柜，这可把我乐坏了！结果……描述都是对的，但和我理解的书柜不一样，乍一看，这分明就是一个酒柜啊！

"这柜子可贵了，要一千块！"爸爸说道。

我不言，默默地把放在地上的书放回到柜子里，这期间爸爸时不时地问我对这个柜子满意与否，我很敷衍地告诉他挺满意的。这回轮到他乐坏了。

后来我才知道，这是爸爸买的第一件家具。第一件的意思是之前的家具不是请木工朋友做的，就是家里其他亲戚用得半新不旧的。这不，我现在睡的床还是爸妈结婚时爷爷送的礼物。

是的，爸爸快五十了才学习木工给女儿打了一个书柜，过了五十才买第一件家具送给闺女，而我却完全没有领悟到它们的珍贵……

北京往事

骆 阳

1

春节过后,十岁的我和姐姐踏上了开往北京的火车。

拥挤的火车上,我一直鼓捣着姐姐那个屏幕碎掉的红色Mp3。我和姐姐对面是一对城里的母女,妈妈举止素雅端庄,女儿长得可爱漂亮。她们带了很多吃的,大多数我只在电视广告里见过。那时候正是张韶涵大红大紫的年头儿,耳机播放着"神秘北极圈,阿拉斯加的山巅……"我小声地跟着她唱,对面的女孩儿微微皱眉。

"你们家是哪儿的?"女人一边开一罐八宝粥一边问姐姐。

"黄泥河镇。"姐姐告诉她。

"黄泥河镇?"女人轻轻摇头。

"那个盖子里有勺。"我跟女人说。

姐姐冲着女人笑了笑,女人也冲着姐姐笑了笑。过了一会儿,姐姐嘴贴在我耳朵上说:

"你少说话。"

那时我还不懂姐姐的意思,跟姐姐说:"怎么了?"

姐姐说:"就你知道盖子里有勺?"

我说:"我知道的多着呢,我看我班同学吃过八宝粥。"

2

第二天,约莫中午,火车抵达终点站北京。二十来个小时的春运火车让人身心俱疲。姐姐一手牵着我一手拉着皮箱走出人潮汹涌的北京站。

北京的天气比家里暖和,地面上的积雪已开始融化,千万人踏过之后,地面泥泞肮脏。

地铁、公交加步行,费尽周折地来到姐姐的住处——十八里店。这里是外来打工者的天地,房屋错落破败,随处都堆着垃圾,街边小吃店的玻璃渍满油污。一通走迷宫一样的穿梭,我和姐姐来到了她的出租屋门前,姐姐从包里翻出钥匙,然后打开门。几乎转不开身的屋子里塞满了各种生活物品,一张床、一台黑白电视机、一个煤气灶、一个塑料衣柜……

当时的我只觉得姐姐住的地方太破,没觉得她可怜。在小屋子里干坐了一会儿,我就想家了。

3

姐姐在春节前失业了,回到北京的小出租屋后,她只知道窝在床上看偶像剧,每天几乎只有黄昏的时候才去菜市场转上一圈儿。我站在巷子的某个角落里,看对门的小孩儿们做游戏,他们说的全是我听不懂的方言,我不好意思上前请求加入。隔壁修车的小伙子斜靠在墙上玩遥控汽车,他叼着根烟,一直咧着嘴邪笑,我也想玩,可是根本不敢跟他说。

我一鼓劲,走出小巷,一个人在街上流浪。

现在我依然记得那条街,天南海北的人、廉价的五花八门的小吃、热气腾腾的蒸笼和缺胳膊少腿儿的流浪猫狗，塞满了整条灰色的街。十岁的我，第一次看到蜂窝煤，第一次看到衣衫褴褛的乞丐，第一次看到那么多流浪的猫和狗。

十岁的我，第一次知道孤独的滋味。

4

我心惊胆战地在一户人家门前偷了几块地瓜干之后，撒腿就跑。脏得快要变成黑狗的白哈巴狗跟在我身后，我们一起跑了好远好远。我左右看看，确定附近没人后，把地瓜干扔在地上。小白狗张开嘴巴，几乎瞬间消灭。不知道它有多久没有吃到这么好吃的东西了。现在，我不知道那时我偷地瓜干到底是出于同情流浪狗，还是小孩子本能地调皮使坏。

小白狗用一只眼睛眼泪汪汪地看着我，意思是"你还有没有了"。我给它看了看我的双手，然后耸耸肩，意思是"没有了"。小狗不甘心地看着我，尾巴摇来摇去。

"小白，再见。"说完，我就抬脚走人了。

小白没有跟着我，它朝着相反的方向走远，不知道要去哪里。

之后的很长一段时间我都在担惊受怕，我害怕晒地瓜干的那家人找上门来。有时候我也会想，那只小狗现在怎么样了，以后我还会不会遇到它？

5

姐姐依旧只待在出租屋里看电视，不带我出去玩。我胆子越发大，一个人走出居民区，沿着马路从十八里店北桥走到十八里店南桥，好像并没有什么理由，就是单纯地想走走。

其实那是很长的一段路程，途中我也有担心，担心会不会迷路、会不会被拐走、会不会被车撞……

但是后来我还是安然无恙地回到了姐姐的出租屋，我跟姐姐说："我一个人去十八里店南桥了。"我忘了姐姐说了什么，只是记得当时她心情不好，阴着脸。

那天晚饭过后，我弄碎了一张光盘，被姐姐打了一顿。我躺在床上哭，声都不敢出。小时候，我最怕的就是姐姐。过了很久，姐姐的男朋友来了，拿了一枝玫瑰花和两支冰淇淋。姐姐没搭理他，给我穿上衣服领着我出了门。

我说："姐，我们去哪儿？"

姐姐说："不去哪，闲溜达。"她打开自行车的锁，把我抱上自行车的前杠，一路骑去了很远的地方。

北京的冬夜，看不到星辰，但处处是灯火。

姐姐问："冷吗？"

我说："不冷。"

姐姐说："抓紧了啊，我要从这里骑下去，你记得以前咱俩在家玩的'空中飞人'吗？"

我说："记得，那坡比这陡多了。"

午夜的马路，一辆破旧的自行车，一对身在他乡的姐弟，在北京清冷的风里肆无忌惮地飞翔。

多年以后我才知道，原来那一天是情人节。

6

姐姐找到了新的工作，心情好转，带我去了天安门。

犹记得那天风大得让人睁不开眼，衣服和鞋子上全都是白色的细灰。第一次见到天安门城楼，没有很兴奋，那时候我想，原来语文书也会骗人。之后，姐姐又带我去西单。姐姐给我买了一双五十块钱的旅游鞋，我美得不行。那是我第一次穿旅游鞋，以前在家基本都是穿十五块钱一双的绿棉鞋。

离开西单的路上,我看着路边的烤肠,馋得直咽口水,却不好意思跟姐姐说想吃。等我们走出离卖烤肠的摊位挺远的时候,我才鼓起勇气说:"姐,我想吃烤肠。"

姐姐把新买的皮箱交给我,说:"你在这看着皮箱,我去买,马上回来。"

姐姐往卖烤肠那跑,我站在原地看着她渐渐消失在人群之中。这时候,一个陌生人走过来一把抱住我说:"小朋友,你别动,你鞋上有个东西我帮你抠下来。"

我被他卡着不能转身,他的手在我身后动来动去我也不知道他在干什么。过了一会儿,陌生人走了,姐姐举着两根烤肠高高兴兴地迎面走来。现在我都清晰地记得姐姐那时候的笑。

我一边吃着烤肠一边说:"姐,刚刚有个人说我鞋上有东西,然后帮我抠了下去。"

"可能是口香糖之类的吧,那人还真挺好……咦?皮箱拉锁怎么开了?"

我说:"不知道啊!"

"完了,我兜子被偷了!"

姐姐为了省事,买完皮箱之后就一起把手提包放了进去。姐姐的手机、身份证和银行卡都在手提包里。

"你傻啊!没告诉你离陌生人远点儿吗?!"姐姐一时丧失理智,指着我鼻子就骂。

我知道那个陌生人是小偷后,吓得不轻,因为那是我第一次遇到小偷,从前都只是道听途说。

姐姐意识到自己刚刚的失态,对我说:"别怕,别怕,我这就报警。"

我也忘了过了多久警车才来,只记得很慢。等警车的期间,姐姐一直摸着我的头说"不怕"。

我和姐姐上了警车，警察叔叔一边开车一边问了姐姐很多问题，老家在哪、什么工作、为什么带我来北京……

警笛响了一路，威风堂堂的样子。

到了警局，姐姐被叫去录口供，我在外面的凉椅子上坐着，不知所措。

姐姐出来后，跟我说："别怕，没事了。"

那个警察叔叔说："你们两个都饿了吧？跟我去食堂吃点儿？"

姐姐说："我不饿，你带我弟弟去吧。"

我跟着警察叔叔去了食堂，警察叔叔给我打了一碗红豆粥和一个饼就去和同事一起吃饭了。我坐在食堂的一角，默默地把饼吃完，然后喝了一口粥。

回出租屋的公交车上，姐姐说那个小偷根本抓不到，因为我连他长什么样子都不知道。

那当初姐姐为什么还要报警呢？人来人往的大街，为什么没有一个人伸手相助呢？这两个问题，当时的我百思不得解。

7

早上，我醒来的时候，姐姐不在，桌子上留了一张纸条：我去买票，顺便办点儿事。我把门锁上了，你就在屋里待着吧。饭在电饭锅里，碗柜里有咸菜。

我爬下床，推了推门，锁得死死的。我盛了一碗饭，拿了一瓶"老干妈"，回到床上。吃的时候，一个没夹稳，一筷子"老干妈"掉在床单上。为了不让姐姐发现，我把床单翻了个面儿。

吃完饭，我闲着没事干，就玩卫生纸。一大卷卫生纸全扯开来，又卷回去。卷回去之后，我发现它粗了不少，为了不让姐姐察觉我玩卫生纸，就又给它扯开来，重新卷。卷完后，它又粗了，然后我又给它扯开来……

后来，我实在无聊，就打算给姐姐收拾屋。收拾屋对于十岁的我来说简直小菜一碟，妈妈说我五岁的时候就会叠衣服了，一叠一大摞，比我自己还高。

叠衣服、整理抽屉、擦桌子、铺床、洗碗、刷锅盖……出租屋里里外外让我给收拾个遍。

8

回家的那天，天依旧灰蒙蒙的。

姐姐的男朋友送我们去火车站，我们坐上火车，他还在月台上望着我们。

姐姐神秘兮兮地在布满雾气的车窗上写了一串英文，他看了之后打了打手语就走了。

火车启动，繁华而又昏沉的北京徐徐后退。我当时想的是，终于要回家了。现在我会想，当初姐姐为什么要带我去北京呢？只是当时妈妈的一句"带你弟弟去见见世面"吗？

姐姐那时候在北京混得很不好，家里人都还不知道，我回去也没有跟他们说。

我一个人在寂寥的马路上的无助和我去偷地瓜干时的恐慌或许也都永远深埋在我的心底，成为我不可分割的一部分了吧？也许，我的第一次旅行，早在十岁就经历了吧？

现在，姐姐在北京混得还不错，在一家大公司当个小经理，住鸟巢旁边的公寓。她把妈妈接过去猫冬，把我叫过去度暑假，但是她却把自己所有经历过的苦藏在心里。

北京往事，随风飘去，却又时常回荡我心。

此文献给我的漂亮老姐

你的帅气老弟：骆阳

我的父亲只是一个"跑龙套"的演员

阿 杜

1

父母离婚的时候我已经十岁了,我对被我称为"爸爸"的他没什么感情。我一直是跟着母亲长大的,而他来去匆匆,家就像是旅店。他总在外地拍戏,我想更多的时间是在等戏拍吧,他是个毫无知名度的群众演员。

小时候的印象中,我记忆最深的就是母亲的眼泪。一看见她流泪,我就特别害怕。父亲每次回来都会给我买上一个玩具,但我对他太过陌生了,并且受母亲的影响,心里对他充满怨气,并没有被他送我的玩具"收买"。他们离婚时,我没有难过。

母亲是单位的会计,收入不高,但足够我们娘俩儿度日。父母以前是同事,后来父亲迷上演戏就辞职了。母亲劝过很多次,但父亲铁了心要追他的"演员梦",他们的关系僵持了好几年。可能母亲对他死心了,就主动提出离婚……

这些事情我是听外婆说的,她提起我父亲时,有恨意,有叹惜,还有失望,她说:"好好一个家就被他的演员梦搅没了。"

2

母亲再婚后，父亲就更少出现在我面前，我对他的感情稀薄如空气。

我不想让别人知道家里的爸爸是我的"后爸"，而我的亲生父亲只是个没出息的"龙套演员"。这个秘密在我上初中时被一个同学捅破了，他的亲戚是我妈的同事。

那天，几个女生聊起了各自父母的职业。"小宇，听说你爸是单位的总工程师，你妈妈是会计，对吗？"同桌问我时，我缄默片刻，然后点点头，轻声应道："是呀！"

"狗屁！"

我的话音刚落，后桌的男生就莫名其妙地骂了句。我恼怒地扭过头瞪他："你说什么？""我说你撒谎，你爸是工程师吗？还总工程师？他是你后爸，你亲爹不是个'跑龙套'的演员吗？专演叛徒走狗，还什么工程师，真会往自己脸上贴金……"

我的脸已经涨得通红，他的话还没说完，我就扑过去和他扭打成一团。秘密被揭穿的羞辱让我丧失了理智，我想和他同归于尽。

那一刻，我特别恨他。

我对父亲演戏产生关注，缘于一次学校组织大家去看的战争片，我在里面看见了父亲，他演一个叛徒。虽然戏份很少，虽然知道他是在演戏，但我还是接受不了。在幽暗的影院里，我泪流不止。为什么他是我的父亲？为什么他要演这样的角色？为什么他宁愿放弃家庭，放弃我，也要追逐这样一个梦想？

因为他，我被同学耻笑。我恨他，再接到他打来的电话时，我对他说："不要再说你是我爸。"我挂了他的电话，躲在无人的角落失声痛哭。

3

父亲专程回来找我，我却不愿见他。

在母亲的劝说下，我去见了他。看见他瘦削的脸庞时，我又想起他演过的那些令人不齿的角色，心里堵得慌。他走过来，亲昵地揽住我的肩，我别扭地拂开他的手。他的手很有力，我无法挣脱，就生气地嚷："我们之间有这么熟吗？小的时候，我想要你抱我的时候，你又在哪儿？你以为买几个玩具就可以填补我整个童年的记忆吗……"

一边说着，我的泪就不争气地滑落。这个我叫"爸爸"的人，他如此陌生。父亲一把把我搂在怀里，哽咽说："是我对不起你们娘俩儿，我为了自己的梦想，让你们受委屈了……"父亲的眼中泪光闪烁。落寞的神情又让我禁不住心疼起来。我想起在他演过的角色中，也有过这样的眼神。那次他出演的角色被一群人围着打，他抱着头在地上滚来滚去，惨叫不止。当人群散去，浑身是血的他坐在无人的角落，眼神就是这样的落寞。

"爸，别拍戏了，好吗？"忍了很久，我对他说出了心里话。他盯着我的眼睛，"不拍戏？那我干什么？这是我的梦想。""你成不了大明星的，你也当不上男主角。"我继续劝。

"我承认，或许我努力一辈子也成不了大明星，可是又如何呢？只要有戏演就可以了。"父亲说。此时他的眼神充满坚毅，全然不是电影中猥琐的模样。

"那你替我想过吗？你演的都是什么玩意儿呀？流氓、汉奸……你让我怎么面对？"我实在说不下去了，他为了他的梦想，什么都愿意演，可是我的人生呢？我为什么就要背负上这山一般沉重的包袱？

父亲看着我，不再说话，而他的眼中是深不见底的忧伤。

4

我以为父亲会为此恨透我，毕竟我是他儿子，却将所有最恶毒的话都对他说了。

出乎意料，他竟然还会主动给我打电话，主动对我说起他的戏，就好像我那些伤他心的话从不曾说过一样。

"儿子，老爸这次没再演汉奸，我演了回八路军……"

"儿子，老爸这次演了个'男六号'，是潜伏在敌军内部的卧底……"

"儿子，老爸最近接了个古装戏，猜猜我演了谁？告诉你吧，我终于演了回大将军……"

父亲的电话，不间断地打来，总是主动汇报他接演的新角色。我终是知道，他很在意我说的那番话，他都记在心里了。只是我不知道，"跑龙套"的父亲，对角色的分配有多少选择余地？他要争取到那些正面角色，得付出多少努力？

其实我对父亲说出那样一番话后就后悔了。虽然我恨过他，漠视他，但他努力追逐他的梦想又有何错呢？每一部戏里都有好人，坏人，他只是在塑造角色，我怎能当真呢？

父亲并不知道，我后来曾偷偷去看过他拍电影。那次的戏里，他演一个硬汉，台词不多，最后死得很惨。躲在人群里的我，看着被乱刀砍死的父亲，泪水模糊了眼睛。

收工后，主要演员都去休息了，他却哼着歌开始忙碌地收拾场地。我远远望着父亲，看着他和剧务组的人边工作边大声说笑，似乎很开心。我想这或许就是他想要的生活吧。

再接到他的电话时，我会提醒他要注意安全，要吃饱穿暖，要多休息。我知道，或许终其一生，父亲都只是一个"跑龙套"的演员，他成不了大明星，但是又如何呢？演戏是他生命中最热衷的事，是他的梦想。他可以为了一场戏在大冬天毫不犹豫地跳进冰冷刺骨的水里，可以为了塑造他所要演的角色被人打趴在地，甚至把自己装扮得不人不鬼……他和那些让人喜爱的大明星一样，都在努力打拼。他同样值得所有人尊重。

只要有戏演他就开心，只要待在剧组，他的梦想就在延续。我看见的只是父亲在银幕上扮演的小角色，但在他的人生里，他就是自己的主角，他背面的精彩，我会慢慢体会。

在风和日丽里遇见你

zzy 阿狸

1

小学每次第一学期期末考试都痛不欲生，铃声一响就屁颠屁颠地跑回家，把烦恼全部留给那栋五层的教学楼。回到家里每天都会掰着手指头倒计新年，小时候很期待过新年，有好看的新衣裳，有胖胖的红包，有吃不完的糖果……

也不知道从什么时候开始，丢失了那种感觉，再也找不回来。或许是从爸爸车祸开始的吧，妈妈对这个家庭彻底绝望，再也没有人会在年初一给我编好看的小辫子，穿上好看的花衣裳……夏禾摇了摇头，试图终止这个奇怪的想法。转念又想，爸爸和妈妈离婚以后，他心里其实好受多了。

这时候已经是高一下学期开学的第一天，夏禾一大早在家里做好早餐，在冰箱门上贴了一张便利贴提醒爸爸早餐在微波炉里记得热一下再吃后，一路狂奔至学校。

她是第一个到校的，教室还没开门，室外的气温有点儿低，她便爬窗进入教室，因天色较暗，愣是把负责开各个教室门的老大爷吓了个半死。

高一第一学期夏禾是最后一个到的；第二学期她是第一个到的。

2

同学们陆陆续续到来，教室里像一锅烧开了的水，热闹极了。

七点半班主任开始点名，叫了好几次杜木的名字都没人答应，夏禾这才注意到同是坐在单人单桌列的杜木还没有来。

夏禾悄悄地从书包里掏出诺基亚给杜木发短信，刚开始输入的是："死哪去了！"觉得有点儿不妥，把叹号改成了问号。最后又觉得这样写显得自己和他的关系太过亲密，于是又逐个字逐个字地删除，最后抓耳挠腮了好一会儿才输入："大神，你要是不念书了，能不能把你的学习秘籍传授给我？"

手机显示信息发送成功后，感觉到班主任的眼神在往这边飘，夏禾装作在找东西很自然地把手机塞进桌肚里，认真地听班主任唾液乱飞的期末考试试卷分析。

一分钟后，桌肚里传来"叮"的一声，打断了班主任的激情演讲。

3

夏禾瞬间多年的颈椎病腰椎病都好了，后背挺得老直。

平时手机扬声器总是失灵，声音小得像蚊子，咿咿呀呀的。这种场合，这个时间，它用豪迈的"嗓音"证明了自己雄厚的功力。

班主任气急败坏地说："个别同学不要以为自己成绩有进步就肆无忌惮！下不为例！！"

夏禾心里一万匹羊驼呼啸而过：臭诺基亚臭诺基亚臭诺基亚……

偷偷摸摸地掏出手机一看，杜木发来的信息只有一个叹号。

臭杜木臭杜木臭杜木臭杜木……

杜木赶回来的时候，班会课已经结束，班主任在门口说了他几句后就放过他了。

你看，成绩好多好，开学迟到都不会挨骂。

杜木书包还没放好就径直走到夏禾跟前，没等他开口，夏禾黑着脸先开口了："你刚才害得我差点儿被老师批！"

杜木站着反应了一会儿后捧腹大笑，然后摆摆手说："这不怪我。好吧，作为补偿，上学期给你的那张无条件帮助令再延期一个学期。"

夏禾找了找桌肚，说："那张纸条不见了，你再写一张吧。"

杜木从她的桌面上拿起一张绿色便签唰唰地开始写。

夏禾忽然想起了幼儿园邻桌的小胖子，虽然整天邋里邋遢，但写字课上写得一手好字让连自己名字都不会写的夏禾情不自禁地感叹："好字啊好字，真是人不可貌相。"

后面那句是在电视剧上学来的。

此刻她禁不住又在感叹了："好字啊好字，真是人不可貌相，你长成这样……"

放学后，夏木、夏禾还有杜木三人一起骑车回家。

时间悠闲得不像话，但有些东西在被偷走的时间里偷偷地改变着。

4

一天下午放学后，夏禾、杜木和夏木三个人一起骑车去夏禾家。夏禾爸爸说要谢谢这段时间他们对夏禾的帮助，要煮一顿好吃的给他们仨。

叮叮叮的车铃声响彻在两旁种满了香樟树的小路上，像一只只轻盈的春日小精灵。

到家的时候，夏禾爸爸正在揭门上的招租广告。夏禾爸爸和妈妈离婚后原本给妈妈腾出的独立卧室闲置了下来，夏禾建议爸爸把房间租出去补贴家用。

夏禾兴高采烈地问："才贴了没几天就租出去了？"

夏禾爸爸笑笑说："对，那人你还认识呢。"

身后的夏木挠挠头，一脸腼腆："以后麻烦叔叔照顾了。"

夏禾爸爸摆了摆手："你爸爸是我的好朋友，他被外派去外省工作两个月，我照顾你是应该的。"

夏禾的心里咯噔一下。

那顿饭吃得真高兴，笑逐颜开，欢天喜地，开开心心。

吃完饭后四个人就忙着帮夏木搬行李，收拾房间。一向利索的杜木却在搬东西的时候砸了几次自己的脚。

夏木和夏禾的房间只隔着一堵墙。两个房间的摆设是对称的，换句话说，他们的床紧靠着同一堵墙……

杜木发现了后立马跑进夏禾的房间，背着双手一副职业江湖风水师的模样，嘴里念念有词，然后掐指一算，一边叹息一边说："这房间的摆设不对啊，尤其这张床，怎么能靠着这堵墙呢，必须远离！夏爸爸你说是不是？"

门口传来夏禾爸爸爽朗的笑声，夏禾满脸黑线……

杜木也笑了，然后试探性地说："夏禾你不介意吧？"

5

每天放学的三路分队变成了两路分队。

一边打打闹闹，一边形单影只。

会习惯的，会习惯的。

期中考试很快就考完了，三个人都有为这次考试做很认真的准备，但结果却不怎么好。

夏木依然排在全级前三十名，夏禾和杜木都考砸了，杜木再差也到了全级前五十，而夏禾跌到了全级四百名外。这样的成绩的确不算太差，但夏禾心里清楚得很，物理化学生物三科惨不忍睹，只有文科那三科还算过得去。

拿到成绩单那天，夏禾在厕所里哭了好久。

期中考后有一场家长会，学校要求各个班级组织学生来主持，班主任挑了夏禾和杜木。看起来是没有什么难度，动动嘴，说说客套话，但每天下午排练的时候夏禾总是心不在焉。

家长会那天，班里大部分同学的家长都来了，夏禾爸爸说店里忙走不开所以没去，但当夏禾站在讲台上时，总觉得有一双眼睛在盯着她，她浑身不自在。

家长会的流程是先介绍学校这几年的发展，再介绍今年的高考情况，然后分发学生的成绩单，最后是家长与老师自由交流。

前面几个流程都蛮顺利的，最后一个环节换班主任上台，夏禾正想着终于没自己事儿了准备屁颠屁颠地下台，这时一个家长用很大的嗓门喊道："等一下！"夏禾吓了一大跳，倒是杜木很淡定，扯了扯夏禾的衣角示意她转过身。那个家长接着说："高一期末就要准备文理分科了，你们俩想选什么？"

夏禾瞬间心跳漏拍。

杜木笑笑说："我们当然选理科啊，你说对吧夏禾？"

"我……不确定……"

6

班主任看出了气氛的尴尬，忙哈哈笑了几声走上讲台："这个问题没什么好讨论的，大家还是来咨询一下自己孩子的学习情况吧。"

夏禾拎起自己的书包一个人骑车回家，杜木看着她的背影有点儿不知所措。

7

回到家后，夏禾想和爸爸好好讨论讨论这个问题，噔噔噔地上了二楼，感觉有人在厨房里忙活，她凑过去一看，是爸爸和另一个阿姨在做饭。

夏禾忽然有种很不安的感觉。

爸爸留意到站在门口的夏禾，忙说："禾禾，你怎么这么早就回来？快去换件衣服出来吃饭啦。"

旁边的那位阿姨有点儿拘谨地笑了一下。

换完衣服后，爸爸已经张罗好了，夏禾坐了下来，那位阿姨一边给她夹菜一边说："夏禾在念高一是吧？高一学九科比较辛苦，多吃点儿才有劲儿学习。"

夏禾说不出一句谢谢。

爸爸用筷子敲了敲夏禾的饭碗："还不快谢谢刘阿姨。"

刘阿姨一脸慈祥："不用不用，多吃点儿。"

这一顿饭吃得有点儿尴尬，本想和爸爸商量文理分科的事儿，却怎么也说不出口。吃完饭，爸爸低着头有点儿拘谨地说："禾禾，这是刘阿姨，以后……"

夏禾没等他说完就站了起来跑进卧室，反锁上门，扑在床上哭，大颗大颗的眼泪泅湿了枕头，像闩不住的水龙头。

她不是不想爸爸幸福，只是短时间内她没办法接受，加上学习和文理分科的压力，她几乎要窒息了。

门口传来刘阿姨安慰的话语："你给她一点儿时间吧。"

8

第二天回到学校，夏禾刻意躲着杜木，杜木便不好当面问夏禾她怎么了。后来杜木给夏禾发了很多条短信，但夏禾一条也不回复他。

委屈得杜木几乎想撞墙。

距离填文理分科意向书的日期越来越近，那种感觉就像考试的时候你看着距离收卷时间越来越近，但不会做的还是不会做，别人可能会说再给我几分钟我一定能把试卷做完，但你打心底里知道，就算给多你半个小时甚至一个小时你也写不出正确答案。这不是选择题，错了一题顶多扣几分，这次如果选错，将满盘皆输。

现在每天刘阿姨都会来家里做饭，做完饭后趁夏禾回家前就走，夏禾心里知道，但却一直不提这件事。

两个月的时间过得很快，夏木要收拾东西回家了。收拾东西那天只有夏禾、爸爸和夏木。趁爸爸下楼拿东西的空隙，夏木敲了敲夏禾的脑袋："我知道你最近很难受。你为什么不问一问自己心里的答案是什么？还有刘阿姨，你这样拒绝她的加入也不是办法，当初你是很支持你爸爸离婚的，不是吗？你为什么不敢开心扉和刘阿姨聊一聊呢，我看得出她很疼你。"

夏禾低着头，红着眼眶不说话。

星期六的晚上，爸爸突然发烧，夏木又搬走了，夏禾一个人应付不来，竟然想到打电话给刘阿姨。刘阿姨迅速赶来，和夏禾一起把爸爸送去了医院。一切安顿好后，夏禾忽然提议说："我们去走廊走走吧。"

医院里满是消毒水的味道让夏禾很不适应，刘阿姨拉着她的手边往外面走边说："医院里的味道我也很不习惯，你要好好照顾自己，不要住到这种地方来，知道不？"

夏禾心里有一股久违的暖流。

那天晚上天气很好，刘阿姨低着头笑了笑说："我知道一时半刻让你接受我是挺难的，所以不用急，能看着你和你爸健健康康地生活就好。"

夏禾红了眼眶。

刘阿姨试探性地问："夏木跟我说你最近在纠结文理分科的事儿，虽然大家说文科没前途，但如果念了自己不喜欢的专业，一辈子从事一份不感兴趣的职业那多不值啊，人生最重要的是开心。不过无论你选什么，阿姨都支持你。"

那天晚上的月色温柔得把人都惹哭了。

9

刘阿姨执意在医院里守夜，让夏禾赶紧回去休息。夏禾睡觉前打开了诺基亚，给杜木发了一条短信："对不起。"最后由于太困昏昏睡了过去，但手里还紧紧攥着诺基亚。

她不知道另一头的杜木兴奋得用冷水洗脸让自己淡定下来。

第二天杜木给她解释说："我不知道原来你不喜欢理科，我还以为我们俩能……一直一直在一起……对不起！你要想念文科就去念吧……我永远是你坚强的……呃……挡箭牌！"

夏禾摆出一脸的嫌弃模样，但心里比谁都高兴。

10

文理分科意向表填好的那天，夏禾觉得心里的一块石头终于落地了，以后能够毫无顾虑地朝着自己的目标冲刺了。

期末考试性命攸关，文科的考查范围较广，夏禾背得都快要吐血了。

每天下午放学后三个人一起去市图书馆复习一个小时，晚上八点洗完澡后夏禾还会拿着文综复习资料在二楼的阳台，一边背知识点一边晾干头发。

每天晚上站在阳台一个人，一本书，一只孤零零的灯泡，偶尔会有一种莫名的孤独感向全身袭来。风吹得不用力，穿过发梢滑进耳朵，轻轻地酝酿着夏禾的梦。

摇摇欲坠。

11

在夏禾楼下徘徊的杜木小声地嘀咕。

从夏木搬去夏禾家里的那天起，杜木就每天晚上都会骑单车到她的楼下转悠，虽然夏禾长得比较安全，但还是有点儿不放心。

他早就想好了，只要楼上情况有一丁点儿不妙，不管三七二十一他就拎着棒球棒冲上去。

现在夏木搬走了，这个习惯却改不了。

看到夏禾走廊的灯熄灭后，杜木伸了个懒腰，准备悄悄地骑车回家。原来未来岳父家附近的环境不错嘛，他傻傻地想。

夏禾扑在床上倒头大睡，在清醒的最后一刻还不忘瞥一眼贴在床头的那张绿色便签：

　　这是无条件解答令。只要出示该纸条，无论何时何地，杜木都要无条件为夏禾解答学习问题。

　　　　　　　　　　　　　　　　杜　木

好字啊好字，真是人不可貌相。

手机里与杜木的短信，夏禾一条也没舍得删除，一个个字符手牵手围绕着夏禾跳舞。

刘阿姨蹑手蹑脚地走进房间里给她盖好被子。

12

夏禾已经开始慢慢接受刘阿姨了,其实只要爸爸能够开心就够了。

至于夏禾、夏木和杜木,只有夏禾选了文科,但没关系啊,只要选对了方向,怎么走都会离自己的梦想越来越近。期末考试还没到,故事也谈不上结局,但我知道无论怎样他们都会一路狂奔下去,奔向那个更好的未来,奔向那个有你的未来。

下一个夏天的故事,让你来写,写一个只属于你的故事。

理所当然的爱

浅步调

我升高中进行体育测试的那一天,家里在办姥姥的丧事,姥姥突然去世的消息是前一天哥哥来学校告诉我的。炎夏将至,我跑在八百米的跑道上,感觉风从耳边呼啸而过,我大口喘着气看着天边的云彩,想象着姥姥是不是从此就住在了上面。回家看到消瘦几圈的妈妈,流着眼泪,第一次用像是在求得宠爱般的眼神看着我,跟我说:妈妈以后没有妈妈了……

那以后很久,初中毕业、高中毕业,跟一拨拨同学一拨拨朋友告别,草率随意又略带矫情地说着再见,悲伤是有,但隐隐约约觉得,现在社会和科技发展这么快,只要想见,对任何一个人都没有永远不见这一说。

那以后的更久,整个大家庭也像雨后的春笋,生机勃勃。我忙着长大,先是叫姑婶姨家的大孩子姐姐哥哥,然后被更小的加入家庭的新成员叫姐姐。长大像一幅加快剪辑快速筛选的连环画,一眨眼,就长成了陌生孩子眼中的"大姐姐"或者更老的"阿姨"。

但是,没关系啊,在所有家长和亲人那里,我还是那个一感冒就有流不尽的鼻涕、一激动就说话特别快的小孩子。而在我这里,在家长和亲人面前,即使身高已经长到了一米七,还是可以在任何时候无所顾忌地撒娇和不懂事不听话。这就是快乐,理所当然,不用努力争取就可以得到的快乐。

年少的时候，觉得像太阳东升西落、大雁冬去春归一样，我的爸爸妈妈、我的亲人们，会这样一直一直陪着我完整地走下去。他们会看着我读书上学，长大嫁人。我们只会迎接新生，而告别这样的事情，只存在于我去读初中读高中读大学不断增长的回家间隔里说的那声"再见，再放假了见"里。世界那么大，不变的地方，就是那个叫家的温暖角落。这是成长最大的告慰和心安理得。

一打头结束二打头开始的年纪，又开心地过了几年，大学去了外地，很久才回一次老家。2015年，我毕业了，有了工作，终于成了个正当拿工资可以在假期带着一大堆礼物回家见亲人的大人。这是我小时候见过无数次的长大的亲人们做的事情，终于这一年，我也成了长大的人，欣喜之余，也在感叹时光真是白驹过隙。

2015年冬天，大爷家的二哥因为久治不愈的感冒被二嫂催去医院。那是个与往日没有丝毫不一样的下午，去往医院的老路上，依旧树木萧条，寒风刺骨。可是就是在那个去医院的下午，人生打了个反方向的急转弯——那一天，二哥进了医院，就再也没有从医院回来过。

白血病这种韩剧里常见的疾病就这样出现了，而在短短两个星期的时间里病情急转恶化，直到二哥突然离世。能写出这样的剧情，上天真是个获不了奖的烂编剧啊。

二哥有两个儿子，大的才刚满十八岁。两个儿子都长得白白的，性格很乖，爱跟二哥一起争嫂子的疼爱，一家四口走在一起，妈妈就像个被千般保护的公主，让三个男子汉甘愿不求回报地护卫着。然而，在这年少青涩还没完全褪去的时候，父亲的突然离开像按下了他们从此沉默不说话的按钮。再见两个孩子，表情和眼神里满是对爸爸的怀念。而整个家庭的大聚餐，从此也少了有超级拿手菜的二哥，少了那个喝一点儿酒耳朵就会变红的二哥。在大圆桌旁吃饭的人突然的安静里，水蒸气变成了不想被发现的眼泪。

离开，是一瞬间的事儿。然而想念，是一辈子的事儿。那个不满十八岁的男孩子，隐藏了自己的感情，一瞬间长大懂事，撑起了一个家。我们以为他会慢慢地忘记，他却在周年祭时，放声大哭，边哭边喊：我好想我爸爸啊，怎么办？我好想他，怎么办？

原来爱和被爱，对于早已长大的我的妈妈，对于还是小孩儿的我的小侄儿，对于我和每一个人，都是一生的刻骨铭心，想要忘记却忘不了。

成为大人的时候，在每个闭上双眼睡着的晚上，越来越不确定明天和意外哪个先来。手上得到的幸福，也开始惴惴不安地习惯轻拿轻放，再也不相信理所当然的快乐。在这个人心如密码般永远读不懂的大人世界里，在这个工作生活都要谨慎待人的成人规则里，很怀念很怀念那个年少时候的自己，傻傻地去接受和索取理所当然的爱。

这就是成为大人之前我不想忘记的小事——我们的父母、我们的亲人所给予的全部的爱——理所当然的爱。而年少的你们，要懂得"珍惜"两字该如何用一生一笔一画地写出来。